Die Gewinnbetheiligung der Arbeiter.

Schriften

des

Vereins für Socialpolitik.

VI.

Leipzig,
Verlag von Duncker & Humblot.
1874.

Ueber

Betheiligung der Arbeiter

am

Unternehmergewinn.

Gutachten

auf Veranlassung des Vereins für Socialpolitik

abgegeben

von

Dr. E. von Plener,   **Dr. Max Weigert,**   **I. Neumann,**
Legationsrath in Wien.   Fabrikbesitzer in Berlin.   Rittergutsbesitzer in Posegnick.

I. Wertheim,
Fabrikant in Bornheim bei Frankfurt a. M.

Leipzig,
Verlag von Duncker & Humblot.
1874.

Das Recht der Uebersetzung wie alle andern Rechte für das Ganze wie für die einzelnen Theile vorbehalten.

Die Verlagshandlung.

Inhalt.

Von der Gewinnbetheiligung der Arbeiter.

Die Betheiligung der Arbeitnehmer sowohl an dem Reingewinne, als auch an dem Eigenthume gewerblicher Unternehmungen wird vielfach als ein wirksames Mittel zur Erhaltung, bezw. Wiederherstellung des socialen Friedens zwischen Arbeitgebern und Arbeitnehmern und der Verbesserung der wirthschaftlichen Lage der letzteren angesehen. Die Frage ist nun:

1. Ist entweder die Gewinnbetheiligung oder die Eigenthumsbetheiligung für sich allein schon ausreichend, um die eben genannten wohlthätigen Wirkungen zu erzielen? Oder müssen beide Arten von Betheiligungen dazu miteinander verbunden sein?
2. Welche Erfahrungen sind zur Kenntniß des Gutachters gekommen über diese verschiedenen Arten von Betheiligungen? Ueberwiegen die Vortheile die Nachtheile? und welcher Art sind die einen und die anderen?
3. Welche allgemein gültigen Sätze lassen sich aus den bereits vorliegenden Erfahrungen ableiten? Hier wäre besonders zu beachten:
    a. ob jede Unternehmungsform die Betheiligung gestattet, oder welche Form vorzugsweise hierfür geeignet ist;
    b. auf welche Weise — wenn die Vortheile der Betheiligung überwiegend sind, — dieselbe allgemeiner zu machen ist;
    c. ob eine solche Verallgemeinerung lediglich durch das freie Walten des Selbstinteresses der Arbeitgeber und Arbeitnehmer möglich ist; ob sie auf dem Wege der Gesetzgebung erreicht werden kann; oder ob auch direkte und selbst finanzielle Staatshülfe hierbei in Anspruch genommen werden kann und darf.

Begutachtet von	Seite
Leg.=R. **E. von Plener** in Wien	1
Fabrikbesitzer **Dr. Max Weigert** in Berlin	15
Rittergutsbesitzer **J. Neumann** in Posegnick	39
Fabrikant **J. Wertheim** in Bornheim bei Frankfurt a. M.	45

Ueber die Frage der Gewinnbetheiligung der Arbeiter.

Von Legationsrath Dr. Ernst v. Plener in Wien.

Die Betheiligung der Arbeiter am Productionsgewinne wird mit Recht als ein Mittel zur Herstellung des socialen Friedens bezeichnet, weil das Unbefriedigende der heutigen Arbeiterverhältnisse hauptsächlich darin seinen Grund hat, daß der Lohnarbeiter allmälig aufhört, irgend ein directes menschliches Interesse an der ihn beschäftigenden Unternehmung zu haben. Er betrachtet sich bloß als Empfänger eines mehr oder minder fixen Lohnes und sieht wie die günstigen Erfolge des Unternehmens häufig ohne irgend welche Rückwirkung auf seinen Lohnbezug bleiben, er strebt daher diesen seinen Lohn möglichst hoch zu stellen oder wenigst möglich zu arbeiten, da ihm ja eine Theilnahme am Werthe des Productes nicht zukommt und da er so kein weiteres als das directe Moment des Lohnbezugs berücksichtigen zu brauchen glaubt. Diese innerliche Loslösung des Arbeiters vom Interesse an der Unternehmung ist aber ein wirthschaftliches, moralisches und sociales Uebel. Die wirthschaftlichen Nachtheile liegen in den rücksichtslosen Arbeitseinstellungen, in der Nachlässigkeit der Arbeit, Verschleuderung und schonungslosem Behandeln von Rohmaterial, Gebäuden, Maschinen, Werkzeugen u. s. w., die sittlichen in der Zerstörung der Liebe zur Arbeit und damit des Gefühles der Selbstzufriedenheit als welches nach der Sicherung der materiellen Existenz die nächstwichtige Compensation für die Mühe und Last der Arbeit bildet. Die sociale Gefahr liegt in der zunehmenden Ausbildung und Verschärfung des Classengegensatzes zwischen Arbeiter und Unternehmer.

Als das wünschenswerthe Ziel hat daher vielen socialen Reformern geschienen, das ganze gegenwärtige Lohnverhältniß aufzuheben und an seine Stelle die cooperative Form von Productivassociationen zu setzen, in welchen die Zweitheilung der beiden Productionselemente aufgehoben wird, und der Arbeiter als gleichzeitiger Unternehmer den vollen Ertrag seiner Production genießt.

Allein bei den einzelnen Versuchen dieser Associationsform haben sich bisher so viele Schwierigkeiten, ja selbst auch Widersprüche mit dem grundlegenden Principe der Einheit beider Productionsfactoren gezeigt, daß auf diesem Wege die Beseitigung des Salariats nichts weniger als einfach und wahrscheinlich erscheint. Man muß daher untersuchen, ob jene Zwiespältigkeit in der heutigen Industrie nicht innerhalb des gegenwärtigen Productionssystems überwunden oder doch gemildert werden kann, ob es nicht angeht mit Beibehaltung des Lohnsystems wieder eine gewisse Gemeinsamkeit des Interesses an der Unternehmung durch Theilnahme der Arbeiter am Productionsgewinne zu erzeugen, wobei zugleich die socialistische Vorstellung von der Unproductivität des Capitals und von dem Rechte der Arbeit auf den ganzen Productionsertrag vorweg ausgeschlossen wird.

Die Entwicklung der gesellschaftlichen Vorstellung so wie der nationalöconomischen Doctrin über das Verhältniß der Lohnarbeiter geht von dem bloß persönlichen Dienstverhältnisse des Arbeiters zur Stellung eines Theilnehmers an der Production. Im Stadium der Sclaverei und der leibeigenen Arbeit wird der Arbeiter mit seinem Lebensunterhalt abgefunden und hat weiter gar keine Beziehung zum Product. Aber auch in dem spätern Stadium des Geldlohnes ist der Arbeiter ohne irgend eine Theilnahme am Producte. In diese Zeit fällt die Entstehung der nationalöconomischen Theorie vom sog. Lohnfonds. Sowie der mittelalterliche Grundbesitzer einen gewissen Fonds zur Erhaltung seiner Knechte besitzen mußte, so nahm man einen gewissen Capitalbetrag an, aus welchem die Löhne der ganzen gewerblichen Arbeiterzahl bestritten werden sollten. Diese Theorie macht den Lohnsatz von dem Verhältniß zwischen Capital und Bevölkerung abhängig und setzt ihn in ein umgekehrtes Verhältniß zum Capitalgewinne, und gemäß des concomitanten Satzes, daß Nachfrage nach Sachgütern keine Nachfrage nach Arbeit sei, läugnet sie den Einfluß der Productenpreise auf den Lohn und umgekehrt. Diese heute als Irrthum aufgezeigte Doctrin ist gleichwohl noch in der Vorstellungsweise der Arbeitgeber und Arbeitnehmer vorherrschend und liegt den meisten Vorstellungen über das gegensätzliche Verhältniß zwischen Capital und Arbeit zu Grunde. Die Arbeiter erscheinen nicht als Theilnehmer an der Production, sondern als mit fixem Lohne bezahlte Dienstleute, ohne weitere wirthschaftliche Beziehung zum Product. Die Lohnausgabe erscheint als ein Theil der Productionskosten, dessen Herabsetzung wie die anderer Kosten anzustreben ist; als Producent, welcher allein den Gewinn der Unternehmung erhält, erscheint nur der Unternehmer. Die Arbeiter stehen daher dem Capital feindselig gegenüber, von dem sie, da sie es nicht selbst erwerben können, möglichst viel herausdrücken wollen; daher stellen sie oft ohne Rücksicht auf den Preis der Producte die Arbeit ein, um das Capital zu Lohnerhöhungen zu zwingen, darum verringern sie in Gewerkvereinen durch einschränkende Regeln das Arbeitsquantum und die Zahl der Lehrlinge, verhindern Stückarbeit, damit das so verringerte Arbeitsangebot eine um so größere Quote aus dem Lohnfonds erhalte. Die Arbeiter streben daher nach möglichst hohem und fixem Lohne und überlassen den Unternehmern die Beziehungen zum Productenpreise.

Sowie man einmal diese Theorie aufgiebt, sobald man einsieht, daß der Lohn nicht bloß eine Ablohnung für persönliche Dienste ist, sondern im Zusammenhange mit dem Productenwerthe steht, da ja die Consumenten es sind, welche im Preise der Waare den Lohn bezahlen, so ergeben sich mehr oder minder entwickelte Formen dieses Zusammenhanges des Lohnes mit dem Arbeitsproducte und es ist bezeichnend, daß die Verwerfung der Lohnfondstheorie in die Zeit fällt, in welcher die Gewinnbetheiligung der Arbeiter ernsthaft discutirt zu werden beginnt. Aber selbst auch beim bloßen Zeitlohn fehlt die Vorstellung dieses Zusammenhanges nicht immer, es ist bekannt, daß englische Gewerkvereine häufig in Zeiten des Geschäftsaufschwunges Lohnerhöhungen mit Hinweis auf die Preissteigerung des Productes verlangen und durchsetzen, und die Lehr-Meinung, als sei der Lohn ein fixes Gehalt, welches das Capital ohne Rücksicht auf den Absatz der Producte bezahle, wird durch die Erfahrung widerlegt, daß in Zeiten der Krisen selbst die kräftigsten Gewerkvereine Arbeitsentlassungen oder eine namhafte Reduction der Arbeiterzahl oder der Arbeitszeit nicht hindern können.

ad. 1. Als die erste directe Form des Zusammenhanges zwischen Arbeit und Product erscheint der Stücklohn, welcher sich an das Productenquantum anschließt, also auch am leichtesten die Handhabe zu einer Betheiligung an einer durch Vermehrung des Productenquantums entstandenen Gewinnsteigerung der Unternehmung bietet. In allen großen Industrien, in welchen es auf Massenproduction ankommt, nicht bloß in jenen, in welchen die individuelle Handarbeit gegen die intensive Maschinenthätigkeit zurücktritt, ist der Stücklohn die Regel. Seine Nachtheile sind die Uebereilung der Arbeit und die Ueberanstrengung des Arbeiters und in Industrien mit sehr selbstthätiger Maschinerie, wo die Arbeit häufig nur in der Ueberwachung der Maschine besteht, hat jede Verbesserung der Maschine die Tendenz diesen menschlichen Antheil am Zustandekommen des Productes und damit den Stücklohn zu verringern. Diesen nachtheiligen Wirkungen kann aber begegnet werden durch gemeinschaftlich von Arbeitern und Unternehmern festgesetzte **Preislisten**, welche die Löhne für die einzelnen Producteinheiten feststellen. Der Zusammenhang zwischen Productenpreis und Lohn findet übrigens einen noch stärkeren Ausdruck in jenen Preislisten, welche mittelst einer gleitenden Scala die Löhne nach den Waarenpreisen reguliren. Diese Lohnform hat eine besondere Berechtigung in Industrien, in welchen der Lohn den weitaus größten Theil der Productionskosten ausmacht, und die Gefahr eines zu großen Schwankens, welches übrigens in einem geringeren Maße auch bei fixen Preislisten nicht ausgeschlossen ist, da auch diese dem Productenpreise wenigstens auf eine gewisse Distanz folgen, kann in allen solchen Fällen durch die Festsetzung eines herkömmlichen Minimums beseitigt werden, unter welches der Lohn selbst in weniger günstigen Zeiten nicht fallen soll. Eine Garantie gegen Krisen kann billigerweise hier ebenso wenig verlangt werden, als bei andern Lohnformen, in welchen die Abhängigkeit des Lohnes vom Waarenpreise nicht so deutlich hervortritt. Wird so die Stücklöhnung im Hinblick auf die allgemeine Geschäftslage fixirt, erhalten so die Arbeiter eine gewisse Kenntniß des Marktes ihrer Producte, so ist der Punct gefunden, an welchen sich die erste Form einer Gewinnbetheiligung anknüpfen läßt. Diese wird sich hier auf das Productenquantum sofort umlegen und die Berechnung und Ausbezahlung erfolgt nach kurzen Fristen, am Besten am Schlusse eines bestimmten Productionsumtriebes z. B. für die Zeit vom Anmachen des Hohofens bis zur Ablieferung des Eisens, die Webedauer eines Stückes u. s. w.

Eine besondere Art des Stücklohnes, welche den Arbeiter in Zusammenhang mit dem Producte setzt und sich darum insbesondere zu dieser Art der Gewinnbetheiligung eignet, ist der Gruppenaccord, welcher mehrere Arbeiter in cooperativer Weise zur Herstellung einer bestimmten Arbeit vereinigt. Sein Nachtheil besteht in der Gefahr der mißbräuchlichen Ausnützung der Stellung des Gruppenchefs, welcher sich leicht in einen harten Zwischenunternehmer ausbildet, der die Löhne seiner Gruppen herabdrückt. Allein diese Gefahr kann durch energische Haltung der Arbeiter beseitigt werden, und die im Accord übernommene Arbeit bildet die Einheit, auf welche außer dem festgesetzten Lohne die Gewinnquote aufgetheilt wird.

Die Quote, welche über den gewöhnlichen Lohn hinausbezahlt wird, tritt zuerst nur im Verhältniß der Mehrproduction über die Normalleistung des Arbeiters oder der Verminderung der Abfälle als **Productionstantième**, als „salaire progressif"[1] auf, welcher mit der Arbeitsleistung gewöhnlich in einer steigenden Progression zunimmt, sie wirkt wie eine Prämie für fleißige und sorgsame Arbeit, welche im Ganzen mehr erzeugt, sodaß der Gesammtgewinn der Unternehmung derart zunimmt, daß die Vertheilung eines Stückbonus an die Arbeiter nicht auf Kosten des absoluten Unternehmergewinnes geschieht. Diese Productionstantième ist freilich nur insofern eine Betheiligung am Productionsgewinne, als sie nur für den Fall einer Vermehrung des Rohertrages der Unternehmung durch die Arbeit, dieser anticipative dadurch einen Antheil an der allgemeinen Gewinnvermehrung einräumt, daß sie für die die Normalleistung überschreitende Arbeitsquantität eine steigende Entlohnung eintreten läßt. Das Entscheidende liegt hier in dieser höhern Quote für die überschüssigen Arbeitseinheiten, weil diese zu der fixen Lohnquote einen neuen Factor hinzufügt, welcher nur aus der durch die allgemeine Mehrproduction entstandenen Gewinnerhöhung geleistet werden kann. Freilich wird sich dieser Stückbonus den Unternehmern nicht immer in diesem Lichte zeigen, sie werden vielmehr geneigt sein, ihn nur als Gratification für Mehrarbeit, als Prämie für Sorgsamkeit und Fleiß anzusehen, da sich trotz dieser Ausgabe ihr Gewinn nicht vermindert, sondern vermehrt, und sie werden den Fall, daß wenn dieselbe Mehrarbeit nach dem fixen Lohnsatze bezahlt worden wäre, der Unternehmergewinn noch höher sein würde, nicht in Betracht ziehen, da die ganze Leistung jener Mehrarbeit auf der Voraussetzung des stimulirenden Stückbonus beruht. — Obwohl diese Form nicht eine reine

---

[1] s. Arbeiterfreund X. S. 335. Journal des Economistes 3. S. XVIII. S. 433.

Betheiligung am Productionsgewinne bedeutet, so empfiehlt sie sich dennoch, sobald sie nur immer den herkömmlichen Lohnsatz für die Normalarbeit festhält und dessen Herabdrückung nicht zuläßt. Die Arbeiter werden häufig die Ausbezahlung in kürzeren Fristen einer unsicheren Jahresrente vorziehen; die auf das bloße Arbeitsquantum beschränkte Tantième ist leicht zu berechnen und kann selbst in mittleren Geschäftszeiten ausbezahlt werden, was von der Quote am reinen Unternehmergewinne, welche mit so vielen andern Posten zu concurriren hat, nicht immer gelten wird. Freilich wird der Stückbonus sich wegen dieser relativen Sicherheit auch mit einem niedrigeren Procentsatz begnügen müssen. Diese etwas rohe aber naheliegende Form, welche die Sache beiden Theilen nützlich erscheinen läßt, kann gerade deßhalb ein Zusammenwirken von Capital und Arbeit anbahnen und den Uebergang zu höheren und schwierigeren Formen vorbereiten.

Die eigentlich reine Form der Gewinnbetheiligung besteht bekanntlich in der Absetzung eines Theiles des am Schlusse eines Jahres oder einer andern Geschäftsperiode sich ergebenden Gewinnes für die in der Unternehmung beschäftigten Arbeiter, welchen während dieser Zeit der herkömmliche Lohn bezahlt worden ist. Diese Form ist darum höher als die vorige, weil sie den Arbeiter nicht wie jene bloß in Zusammenhang mit dem von ihm gelieferten Productenquantum, welches häufig noch nicht die Natur der Waare angenommen hat, sondern in Zusammenhang mit dem Ganzen der Unternehmung setzt, deren Gewinn nicht aus der Herstellung des Productes, sondern aus dessen Erlös hervorgeht. Sie beruht auf der Voraussetzung, daß der Unternehmergewinn ein Einkommen der ganzen Production ist, welches nach der fixen Ablohnung der Arbeit durch den Lohn nicht ausschließlich dem sog. Unternehmer und dem Capital, sondern auch der Arbeit eine über jene erste Ablohnung hinausreichende Antheilsquote gewährt, weil eben durch das Zusammenwirken der Arbeit mit dem Capitale unter der Leitung des Unternehmers eine Gesammtleistung erzeugt wurde auf welche alle Factoren Anspruch machen können.

Wenn man von einem Antheil der Arbeit am Unternehmergewinn spricht, so wird es gut sein, über dessen wirthschaftliche Natur einige Bemerkungen vorauszuschicken. Der deutsche Ausdruck Unternehmergewinn hat m. E. den Nachtheil, daß er zu sehr das persönliche Element der Unternehmung betont und daß er in den Lehrbüchern meistens von der Voraussetzung ausgeht, daß die meisten Unternehmungen mit fremdem Capital gegründet werden[1]), was allerdings in der Zeit, wo jener Begriff ausgebildet wurde, bei der damaligen Jugend der deutschen Industrie der Fall sein mochte. Allein er übersieht, daß in der großen Industrie, welche mit Maschinenbetrieb Massenproduction treibt, das Capital es ist, welches die Unternehmung gründet, und hier ist der U. G. nicht bloß die Entlohnung für das Talent und die Mühe

---

[1]) Mangoldt, U. G. S. 40. Sein Unternehmerzins ist nur jener capitalistische Unternehmergewinn, welcher mit eigenem und sonst nicht verdingbarem Capitale erzeugt wird S. 100.

der leitenden Persönlichkeit, sondern auch der Ausdruck der Productivität der Anlage von Capital in dem betreffenden Industriezweige. Der Gewinn aus einer Unternehmung besteht daher aus Unternehmerlohn (um dies nicht glückliche, aber gebräuchliche Wort beizubehalten) d. i. Vergütung aller menschlichen Leistungen des Unternehmers oder Leiters der Unternehmung und aus dem Unternehmungsgewinn des Capitals d. i. jenem Betrage, welchen das Capital über die fixen landesüblichen Zinsen aus der Unternehmung bezieht. In diesem capitalistischen Unternehmungsgewinn liegt natürlich zum großen Theil die Rificoprämie d. i. Vergütung für unternommene Gefahr, allein dies gehört ja gerade zum Wesen der Unternehmung; das Capital, das bloß zu fixem Zinsfuß den Industriellen dargeliehen wird, unternimmt nicht und darum verzichtet es auf den capitalistischen Unternehmungsgewinn. Wenn Jemand ohne ausreichendes eigenes Capital eine industrielle Unternehmung gründen will, so wird er wegen mangelnder Sicherheit nicht Geld zu fixen Zinsen borgen können, er sucht vielmehr einen Associé, der sich mit seinem Capital betheiligt, der in die Unternehmung eintritt und dabei begreiflicherweise mehr als den üblichen Zinsfuß verdienen will. In unserer mit Recht so genannten capitalistischen Productionsweise ist das Capital ebenso sehr dominus rei, als der Unternehmer mit allen seinen vortrefflichen persönlichen Eigenschaften. Die heutigen industriellen Verhältnisse indes sind so complexer Natur, daß das Verhältniß zwischen jenen zwei Theilen des Productionsgewinnes sehr verschieden ist. Es giebt allerdings Unternehmungen, welche durch die persönliche Initiative eines Mannes hervorgerufen werden, z. B.. große Bauunternehmungen bei Eisenbahnen u. a. öffentlichen Arbeiten, welche wenig eigenes Capital brauchen, wo die erhaltene Concession oder Bestellung eigentlich die sachliche Grundlage des Unternehmens bildet. Diese Bestellung verschafft dem Unternehmer Credit, denn sie sichert dem darleihenden Capitalisten die Verzinsung und Rückzahlung. Hier also überwiegt der Unternehmergewinn im Sinne des Unternehmerlohnes d. i. Ertrag für eine mühevolle Arbeit, für Geschicklichkeit und Vertrauenswürdigkeit. In Unternehmungen jedoch mit kostspieligen Anlagen, wo die technische Leitung eine routinemäßige ist, wird das Capital einen verhältnißmäßig höheren Antheil am Productionsgewinn für sich beanspruchen, welcher endlich in Industrien mit gesichertem Absatze und beschränkter Concurrenz den Charakter einer Rente annehmen wird. Es wird daher selbst innerhalb des bisherigen U. G. nicht angehen, mit einer einfachen Formel die Antheilnahme des persönlichen und sachlichen Elementes der Unternehmung zu messen, dazu gehört eine genaue Untersuchung der verschiedenen Unternehmungsarten und Industriezweige, und selbst innerhalb einer Gruppe wird das Verhältniß jener beiden Elemente nach Ort und Zeit schwanken.

ad 2. Der neue Gedanke nun, welcher den Gegenstand der aufgeworfenen Frage bildet, betrifft die Theilnahme auch der Arbeit am Reingewinne der Unternehmung. Die Arbeit soll nicht bloß als Productionskostenbestandtheil angesehen, ihre Thätigkeit nicht durch die einmalige Lohnzahlung definitiv vom Werthe des Productes abgelöst werden, sondern ihre Antheilnahme und

Interesse dauert fort, bis das Product als Waare verkauft und ein Gewinn erzielt wird, an welchem sie participiren soll. Schon bei der Ausführung über den Stücklohn hat sich gezeigt, daß sich heute schon eine gewisse Anerkennung des Zusammenhanges der Arbeit mit dem Producte vorfindet, daß daher der Boden gegeben ist, um vom Stückbonus den weitern Schritt zum Jahresbonus zu machen, allein der Gedanke in dieser Formulirung ist neu, und wenn er auch in einigen geglückten Versuchen in's Leben getreten ist, widerstrebt er der heute herrschenden industriellen Anschauungsweise. Die Gewinnbetheiligung der Arbeiter wird als revolutionär und als wirthschaftlich undurchführbar bezeichnet: revolutionär, weil die bisherigen Eigenthumsformen den vollen Reingewinn und den vollen Anspruch auf dessen Steigerung als rechtmäßige Frucht des Unternehmers ansehen, wirthschaftlich unthunlich, weil der Reingewinn erst durch den Erlös des Productes erzielt wird, auf diesen aber Elemente Einfluß nehmen, welche außerhalb der Arbeit stehen, die bloß zur Herstellung des Productes mitwirkt, namentlich allgemeine Handels- u. a. Verhältnisse, zu welchen vermöge ihrer capitalistischen Natur nur das Capital allein in Beziehung treten d. i. den Nutzen davon in Anspruch nehmen könne; weil, wenn das Capital nicht den vollen Ertrag der Unternehmung genieße und daher nicht immer jährlich seine Ueberschüsse wieder in die Unternehmung anlegen kann, der Capitalbildungsproceß aufgehalten und schließlich Capital sich aus der Industrie und sogar aus dem ganzen Lande ziehen werde; weil ferner die alsdann nicht leicht abweisbare Forderung der Arbeiter auf Einsichtnahme in die Bücher zu Conflicten und Mißbräuchen führen würde; weil es endlich unbillig sei, den Arbeitern in guten Jahren Antheil am Gewinn zu erstatten, ohne sie auch für die Verluste der schlechten Jahre aufkommen zu lassen. Auf diese Bedenken läßt sich kurz erwidern, einmal, daß wenn wirklich die Form des Jahresbonus eine völlige Neuheit sein sollte, sich hierfür wohl auch eine Rechtsform finden ließe, wie für so manche neue Rechtsinstitute, welche erst mit dem modernen Rechtsbewußtsein und Culturleben entstanden sind; dann daß allerdings der Erlös des Productes der letzte Träger des Gewinnes ist[1]; allein ohne Product ist kein Erlös möglich und darum ist es nicht ungereimt, die Arbeit, welche zur Herstellung des Productes mitwirkt, auch an dem durch seinen Erlös erzielten Gewinn participiren zu lassen. Der Einwendung über die Bedrohung der Capitalbildung und der Capitalanlage überhaupt läßt sich die Betrachtung entgegenstellen, daß wenn auch nicht die grundsätzliche Voraussetzung der Gewinnbetheiligung, so doch ihre voraussichtliche Wirkung eine Vermehrung der Quantität und Qualität des Products ist. Die in der Regel mit diesem Einwurfe in Verbindung gebrachten Bemerkungen über Verminderung des Lohnfonds und das dadurch entstehende Sinken des Lohnes werden mit der Lohnfondstheorie selbst hinfällig. Dem Argumente wegen der Verluste kann einmal entgegengehalten werden, daß die Arbeiter auch jetzt unter dem bisherigen Lohnsystem an den Geschäfts-

---

[1] J. Prince Smith über Arbeiteractionäre in Vierteljahrschrift für Volksw. und Culturgeschichte. XX. S. 153.

verlusten durch Lohnreductionen und Entlassungen parallel mit den Capital-
verlusten theilnehmen, so wie daß sich durch Herstellung eines „Reservefonds
des Arbeitscapitals" ein Fonds für Verlustersätze bilden ließe[1]). Die Einsichtnahme in die Bücher kann in der Ausführung mit genügender Controle
gegen Mißbrauch versehen werden, wenn nur guter Wille auf beiden Seiten
vorhanden ist. Die Vortheile einer kräftigen und dominirenden Einzelleitung
können der Unternehmung ganz gut auch unter dem neuen System gesichert
bleiben.

Die größte Schwierigkeit liegt m. E. in der Auffindung eines Maßes
für die Betheiligung. Die bisher bekannten Versuche haben sich die Sache
insofern leicht gemacht, als sie jenen Theil des Reingewinnes, welcher über
ein gewisses fixes Percent der bisherigen Einnahme sich erhebt, einfach halbiren
und die beiden Elemente „Arbeit und Capital" zu gleichen Theilen daran
participiren lassen. Dies ist so lange plausibel als man eben nur den künftigen Ueberschuß über den gegenwärtigen Reingewinn zur Vertheilung kommen
lassen will, hier ist der Bonus der Ausdruck dafür, daß die Arbeiter ein
allgemeines Interesse an dem Fortschritte der Unternehmung haben. Läßt
man jedoch die Gewinnbetheiligung nicht bloß unter der Voraussetzung einer
besonders zu belohnenden Productionssteigerung, sondern als eine Leistung für
die allgemeine Mitwirkung an der Production eintreten, dann reicht diese
einfache Formel nicht mehr aus, welche Capital und Arbeit ohne Rücksicht
auf ihre Stellung zu einander im Productionsprocesse ganz gleich behandelt[2]).

---

[1]) Punct 4 des Schemas zur Verallgemeinerung des Briggs'schen Industrial-
Partnership. R. Comm. on Tr. U. Rep. XI. II. 331.

[2]) So bei Briggs und bei der ersten Form der Borchert'schen Partnerschaft. Auch
die Brochure „Das Industrial Partnership System". Augsburg 1868 will S. 53
den Reinertrag zu gleichen Hälften zwischen den beiden Factoren, welche ihn herstellen,
vertheilen und weist die dem Capital zufallende Hälfte dem Unternehmer zu,
sofern sich dieser nicht etwa durch Vertrag verpflichtet hat, den Capitaleigenthümer
Antheile davon zu gewähren. Dieser etwaige Vertrag enthält aber das Eingeständniß,
daß der „Unternehmer" eben nicht den ganzen U. G. beanspruchen kann. Die Bedeutung des Capitals in industriellen Unternehmungen zeigt am besten die Praxis
der Actiengesellschaften, welche neben dem fixen Zinsfuße Dividenden aus dem Reingewinn vertheilt und die Directoren, welche die Stellung des „Unternehmers" im
Sinne der nat. öc. Literatur einnehmen, auf fixes Gehalt und mäßige Tantième
setzt. Die Ungerechtigkeit, welche in der Halbirungsformel für Unternehmungen mit
wenig Arbeitern liegt, will die Brochure durch die Einwendung aufheben, daß hier
der Unternehmer wegen seines „gesellschaftlichen Verdienstes" der Ausfindigmachung
der vortheilhaftesten Production noch als „Arbeiter" von der auf die Arbeit fallenden Gewinnhälfte einen relativ höhern Bonus erhalte (also neben der dem Capital
zufallenden, aber ihm gehörenden Hälfte), so daß die eigentlichen Arbeiter um soviel
weniger erhalten. Diese Einwendung gilt aber nur von gleichartigen Unternehmungen
mit verschiedener Rentabilität. Die Verschiedenheit der Mitwirkung von Capital und
Arbeit in verschiedenen Unternehmungen, welche in der Verschiedenheit der capitalistischen Anlage- und Betriebsauslagen von der Lohnausgabe besteht, wird dadurch
gar nicht getroffen, denn hier handelt es sich nicht um persönliches Talent des
Unternehmers, sondern um die Anlagen des werbenden Capitals, welches über
seinen Zins noch Dividenden beziehen will und welches bei dem Ueberwiegen der
Capitalseite in der Unternehmung auch vom Reingewinn eine höhere Quote beanspruchen wird.

Wir haben oben gesehen, wie vielgestaltig die Beziehungen zwischen Unternehmer und Capital sind und wie schwierig selbst innerhalb der Position des Arbeitgebers eine gleiche Vertheilung wird. Sowie das Capital in gewissen Unternehmungen gegenüber der persönlichen Leistung des Unternehmers eine verschiedene Stellung hat, ebenso hat die Arbeit in verschiedenen Unternehmungen einen verschiedenen Antheil an der Production. In Bergwerken beruht die Capitalsausgabe vor allem in dem Ankaufspreise des Werks und der Maschinerie, deren Erhaltung verhältnißmäßig wenig ausmacht, fortlaufende Anschaffung von Rohmaterial kommt hier nicht vor, dagegen geht die weitaus größte Betriebsauslage auf Löhne, da es hier eben vor Allem die Arbeit ist, welche die Förderung des Producte bewerkstelligt. In anderen Unternehmungen mit selbstthätigen Maschinen und mit theuerem Rohmaterial wird der Antheil der Arbeit an der Production ein viel geringerer sein. Es scheint mir daher unthunlich eine allgemeine arithmetische Formel für die Gewinnbetheiligung aufzustellen, welche in willkürlicher Verkennung der Thatsachen die beiden Productionsfactoren einfach in ein gleiches Verhältniß zu einander setzen will, und es wird sich daher empfehlen, die Arbeit in dem Verhältnisse, in welchem sie zur Production mitwirkt, auch am Gewinne participiren zu lassen. Hiefür erscheint zunächst die Lohnausgabe als Anhaltspunct; allein die Verhältnisse sind so complexer Natur, daß bei den gegenwärtigen Lohnverhältnissen die Lohnausgabe auch nicht immer das Maß des Arbeitsantheils an der Production, also auch am Gewinne abgeben wird. Eine völlig genaue Berechnung der verschiedenen Antheile von Capital, Arbeit und Unternehmerleistung an dem Werthe des Productes ist freilich nicht möglich, allein genaue Beobachtungen, namentlich in Artikeln, welche keinen großen Preisschwankungen unterworfen sind, können allerdings einige annähernde Resultate liefern und es wird sich dann manchmal herausstellen, daß der Antheil der Arbeit an der Herstellung des Productes nicht einfach durch die Lohnausgabe gemessen werden kann, daß in verschiedenen Unternehmungen mit gleicher Lohnausgabe der Arbeitsfactor verschieden zur Werthschaffung beiträgt, ja daß sogar in Unternehmungen derselben Art der gleiche Arbeitsfactor in der einen vermöge der verschiedenen Qualität der Arbeitsleistung mehr zur Werthschaffung beiträgt als in andern. Allein für den Anfang des neuen Systems der Gewinnbetheiligung wird man gut thun, einstweilen die allgemeine Lohnausgabe zur Grundlage zu nehmen.

Aber nicht bloß die Feststellung des Verhältnisses des ganzen Arbeitsfactors zur Production und zum Gewinne ist äußerst schwierig, sondern selbst, wenn man die Quote gefunden hat, welche auf die „Arbeit" fällt, ist die weitere Vertheilung unter die einzelnen Arbeiter nichts weniger als einfach, weil die Mitwirkung der einzelnen Arbeitselemente bei der Production selbst wieder sehr verschieden ist. Der Antheil, welchen der gelernte Arbeiter an der Production nimmt, ist ein weit größerer und intensiverer, als der der bloßen Gehilfen und noch mehr als jener der vorübergehend aufgenommenen Hilfsarbeiter und Handlanger. Freilich scheint hier die ohnedies bestehende Verschiedenheit des Lohnsatzes, den man als Basis des Bonus annehmen wird, eine Garantie dafür, daß der verschiedene Antheil an der Production auch seine verschiedene Gewinnquote erhalten soll. Allein auch hier wird der Lohn= satz des einzelnen Arbeiters, welcher sich nach allgemeinen Lohngründen, nach Herkommen und örtlichen Verhältnissen regelt, nicht immer das richtige Maß der Arbeitsleistung treffen, und hier wird oft in einer andern Ausmessung des Bonus gerade die Ausgleichung für sonst nicht zutreffende Lohnsätze zu finden sein. Der technisch gebildete Arbeiter, z. B. der Colorist oder Form= stecher in Kattundruckereien bezieht zwar einen hohen Lohn, allein oft hängt von seiner Geschicklichkeit die Beliebtheit und der große Absatz der Waare und damit die Größe des Geschäftsgewinnes ab, sein Gewinntheil müßte daher mit einem höheren Betrag als mit der einfachen Multiplication seines Lohnsatzes mit dem Quotienten aus der allgemeinen auf die Arbeit fallenden Gewinnquote durch die gesammte Lohnausgabe[1]) angesetzt werden. Ebenso kann wegen allgemeiner oder örtlicher Lohnverhältnisse der Lohnsatz von Hilfs= arbeitern zeitweise wenigstens mit jenem von gelernten Arbeitern ziemlich gleich stehen (z. B. Lohn von Maschinenheizern und Lohn von Webern oder Spinnern), und dennoch sollte der Gewinnantheil der letzteren größer sein, da ihre Mitwirkung an der Herstellung des Productes eine bedeutendere ist. Für Hilfsarbeiter, dann Jene, deren Antheil an der Production sich unmöglich ziffermäßig feststellen läßt, deren Arbeit in persönlichen Dienstleistungen besteht, würde sich daher nichts anderes als ein gewisser Bonus empfehlen, welcher niedriger wäre, als jener der gelernten Arbeiter und welcher bei Stücklohn die Form einer Productionstantième, sonst die eines Zeitbonus im Verhält= nisse zum Tagelohn annehmen würde. Als Regel müßte die Beschäftigung während eines Productionsprocesses oder einer bestimmten längern Zeit gelten, wobei Abschlagzahlungen für früher austretende etwa mit absteigender Scala eintreten könnten. In Fällen außerordentlicher und vorübergehender Hilfsarbeit wäre gar kein Bonus zu vertheilen.

Wie man sieht, hat die Gewinnbetheiligung, wenn man sie nicht bloß als fixen Jahresbonus im Falle von Ueberschüssen, sondern als allgemeinen Ausdruck für die Mitwirkung an der Production auffaßt, mit großen Schwierig= keiten zu kämpfen, sie setzt eine complicirte Buchführung voraus, für welche uns gegenwärtig sogar die ersten Formularbegriffe fehlen, um den Antheil der Arbeit am Producte annähernd zu bestimmen. Allein alle diese großen Schwierigkeiten sind nicht so unüberwindlich, um dieser neuen Form von vorne= herein die Existenzmöglichkeit abzusprechen, sie müssen zurücktreten, wenn man sich von der socialen Bedeutung des Planes durchdringen läßt und wenn man die Ueberzeugung hat, daß dieser Plan gegenwärtig der beste Vorschlag ist, um die durch Arbeitseinstellungen und Uebelwollen häufig unerträglichen Ver= hältnisse zwischen Arbeitgebern und Arbeitnehmern befriedigend zu gestalten. Die Gewinnbetheiligung wird nicht bloß die materielle Lage des Arbeiters durch Vermehrung seines Einkommens verbessern, die ja durch Lohnerhöhung

---

[1]) So bei Leclaire et Cie. s. J. Le Rousseau, de l'Assoc. de l'Ouvrier aux Bénéfices du Patron. p. 202.

und Stückbonus auch zu erreichen ist, sondern sie wird auch wieder eine Einheit aller in einem Unternehmen Beschäftigten herstellen, welchen ihr Gesammtgedeihen am Herzen liegt.

ad 3. Allein wie die Dinge heute liegen, ist man noch im allerersten Stadium der Versuche, ist noch ziemlich unklar über die Art der Ausführung und selbst unsicher über den Erfolg. Die wenigen practischen Versuche bestehen erst seit Kurzem und eingehende Vorarbeiten, welche genaue geschäftliche Beobachtungen verschiedener Unternehmungen voraussetzen, fehlen bisher, so daß ich es nicht unternehmen würde, „allgemein gültige Sätze" über die Einführung des neuen Systems aufzustellen. Anwendbar scheint mir die Gewinnbetheiligung im Großen und Ganzen überall, weil überall die Arbeit an der Production mitwirkt und ich glaube, daß sie nicht bloß in Unternehmungen, in welchen die Lohnausgabe den größten Theil der Productionskosten ausmacht, anzuwenden ist, sondern auch in jenen, in welchen die Arbeit nur in einem geringeren Verhältnisse zur capitalistischen Betriebsauslage steht. Vielleicht werden sich die Unternehmer gerade in diesen letzteren leichter zur Ertheilung eines Bonus herbeilassen, weil dieser ein um so kleineres Percent des Gewinnes ausmachen wird.

Wegen dieses primitiven Stadiums, in welchem sich noch die ganze Frage befindet, scheinen mir auch gesetzliche oder Verwaltungsmaßregeln zur Verallgemeinerung des neuen Principes völlig unzulässig. Grundsätze, die unserer herrschenden wirthschaftlichen Vorstellungsweise widersprechen, können nur auf dem Wege der sich allmählig über ihren Werth bildenden öffentlichen Meinung zur allgemeinen Geltung gelangen; jeder Versuch eines Zwanges wäre schädlich, und weil sein Inhalt den heutigen Rechtsanschauungen widerspricht, auch widerrechtlich. Sind ja die Arbeiter selbst noch keineswegs von den Vortheilen der Gewinnbetheiligung überzeugt und ziehen sie ja in der Regel hohe fixe Löhne einer schwankenden Prämie vor, welche sie zugleich in ihrer „Freiheit der Bewegung" zu hindern scheint. Die Unternehmer sind noch zu sehr solchen grundsätzlichen Aenderungen der Beziehungen zu ihren Arbeitern abgeneigt, als daß man heute etwas anderes anstreben könnte, als sie zuerst für das System von Productionstantièmen oder eines Jahresbonus für die längere Zeit in ihrer Unternehmung beschäftigten Arbeiter zu gewinnen und zur Einbürgerung wenigstens dieser Gewinnbetheiligung die Einführung des Bonus von der Voraussetzung eines Ueberschusses über den gegenwärtigen Gewinn abhängig zu machen (wie dies ja auch die Voraussetzung fast aller bekannten Versuche war)[1]. Es verschlägt gar nichts, wenn die Formen dieser ersten

---

[1] Wie gering übrigens bei den bisherigen Versuchen der Antheil der Arbeit ist, zeigen folgende Zahlen. Während bei Borchert 1869 auf das Capital 13,01 p.c. oder 8 p.c. über den 5 p.c. Zinsfuß kamen, kam auf den Gesammtlohnbetrag 10 p.c. ungefähr 2000 Thlr. auf rund 20,000 Thlr. Löhne. Nimmt man die 20,000 Thlr. Löhne nur als 5 p.c. Rente eines sog. Arbeitscapitals an, so entsprechen sie einem Betrage von 400,000 Thlrn., wovon der Jahresbonus von 2000 Thlr. nur ½ p.c. ausmacht. Bei Briggs verdiente das Capital in einem Jahre 13,5 p.c., dagegen kam ein Bonus von 3,150 £ Strl. auf 58,000 £ Strl. Löhne, das entsprechende Arbeits-

eingeschränkten und bedingungsweisen Gewinnbetheiligung verschieden und vielgestaltig werden, nur durch viele einzelne Erfahrungen können sich allmälig gewisse allgemeine Regeln für einzelne Unternehmungszweige bilden, nur durch längere Dauer ist der wirkliche Werth und die wirthschaftliche Durchführbarkeit des neuen Gedankens zu erproben, welcher sich in späterer Zukunft zu einer Umbildung des Arbeitsvertrages entwickeln kann. Für heute ist es gut, die Sache zu discutiren, und in diesem Sinne hat die Aufwerfung dieser Frage durch die Eisenacher Versammlung ihren vollen Werth, nur so können weitere Kreise bewogen werden, sich mit der Frage zu beschäftigen, um ihre Anwendbarkeit zu versuchen.

Neben der Gewinnbetheiligung d. i. der Vertheilung eines Bonus an die in einem Unternehmen beschäftigten Arbeiter, wird in Punct 1 der aufgestellten Frage auch des **theilweisen Erwerbes von Eigenthum an dem Unternehmen** seitens der Arbeiter gedacht. Diese erscheint Vielen in der aufsteigenden Linie von Naturalverpflegung, fixem Tagelohn, Stücklohn, Productionstantième, Jahresbonus als die höhere Form, gewissermaßen als die Vorstufe zur Productivassociation. Sie ist in den bekannten Versuchen gewöhnlich mit dem Bonussystem verbunden, dessen Jahresbeträge zum Erwerbe der Antheilscheine (Actien) verwendet werden, sie hängt jedoch keineswegs nothwendig mit ihnen zusammen. Das wesentliche des „neuen Vertrags", der den Vorwurf der aufgestellten Frage bildet, besteht in der Betheiligung der Arbeiter mit einem Gewinntheile, in der Auffassung, daß die Arbeit für ihre Mitwirkung an der Production nicht bloß eine Abfindung in Form des Lohnes, sondern einen weiteren Betrag erhalten solle; die Erwerbung von Actien in der Unternehmung dagegen ist eine Capitalanlage, welcher nur das besonders eigenthümlich ist, daß sie in derselben Unternehmung geschieht, in welcher der Arbeiter beschäftigt ist. Sie ist gewissermaßen mehr eine Betheiligung des Arbeiters, als der Arbeit. Von socialer Wichtigkeit ist es allerdings, daß der Arbeiter in die Classe der Besitzenden aufrückt, die Dinge einmal auch von der Capitalseite aus ansieht, daß er sich dauernd mit dem Interesse der Unternehmung identificirt und als Arbeiter durch Fleiß und Sorgsamkeit streben wird, sich als Capitalist eine gute Dividende zu erarbeiten. Allein bei unserer heutigen Vorstellungsweise ist mit ziemlicher Wahrscheinlichkeit anzunehmen, daß diese Arbeiteractionäre allmälig sich auf den capitalistischen Standpunct stellen, den Arbeits-Bonus schmälern oder aufheben wollen[1]) und so das frühere Lohnverhältniß wiederherstellen werden. Abgesehen von dieser Haupteinwendung sind die Schwierigkeiten der Ausführung auch hier nicht

---

capital wäre 1,160,000 £ Strl., so daß der Bonus eine Rente zu 0,27 p.c. bedeutet. In einzelnen französischen Partnerschaften erhält die Arbeit allerdings höhere Percente vom Reingewinne, allein in den im Appendix des Buchs von Ch. Robert La Suppression des Grèves angeführten Angaben fehlen die Ziffern über die Lohnbeträge, so daß hier über den Zinsfuß des Arbeitscapitals nichts ersichtlich wird.

[1]) Vgl. das bekannte Beispiel von Rochdale. Für Briggs s. qu. 12598 im o. a. Bericht. Die zweite Form der Borchert'schen Partnerschaft (Arb. fr. X. 335) scheint mir auch wie eine capitalistische Rückbildung.

gering. Die Umgestaltung einer Einzelunternehmung in eine Actiengesellschaft mit niedrigen Actienappoints kann leicht zu Mißbräuchen und falschen Angaben über den Werth der Unternehmung benützt werden. Die Formen unseres gegenwärtigen Actienwesens passen übrigens auch nicht recht für eine Capital= association, bei welcher von voneherein oder wenigstens für lange Zeit ein Actionär mit $^5/_6$ oder $^3/_4$ des Actienbesitzes einer Anzahl kleiner Actionäre gegenüber steht. Auch die Analogie der Behandlung des bisherigen Unter= nehmers als eines zu honorirenden Directors trifft nicht zu, weil dieser Director ja zugleich Eigenthümer des größten Theils des ganzen Capitals ist, und gerade diese Vereinigung von Capital und Leitung in einer Hand macht in vielen Industrien die Superiorität einer solchen Unternehmung über die eigentliche Actienform aus. Wird das Stimmrecht sehr liberal bewilligt, so werden die Arbeiter allmälig einen Einfluß auf die Verwaltung zu gewinnen suchen und damit die so nothwendige Einheit der Leitung gefährden, welche ja hier wegen des Verhältnisses der im Besitze des Unternehmers befindlichen Actien zum Actienbesitz der Arbeiteractionäre eine unabweisliche Forderung ist. Sind die Actien nicht übertragbar, so ist ihre Verwerthung in Zeiten der Noth ausgeschlossen[1]), sind sie übertragbar, so können sie allmälig in ganz fremde Hände gebracht werden. Endlich ist es nicht ohne Bedenken, daß der Arbeiter seine Ersparnisse in einer industriellen Unternehmung und noch obendrein in derselben industriellen Unternehmung anlegt, in welcher er beschäftigt ist. In Zeiten der Krisis geht er dann seiner beiden Einkommens= quellen zugleich als Actionär und Arbeiter verlustig, und hier würde die Anlage seiner Ersparnisse in andern sichereren Formen ihm für den Entgang oder die Herabsetzung des Lohnes einen Rückhalt gewähren. Dieselben Be= denken erheben sich auch gegen den Vorschlag, die Fonds der mit einer Unter= nehmung in Verbindung stehenden Kranken= und Alterscasse in der Unterneh= mung als eine Art Commanditcapital anzulegen. — Mir scheint daher die Erwerbung von Theileigenthum für's Erste nicht von jener allgemeinen Be= deutung, wie die Betheiligung der Arbeiter am Gewinne. Unter bestimmten Verhältnissen, in mittleren Unternehmungen mit einer geringen intelligenten Arbeiterzahl kann ein solcher Versuch günstig ausfallen und wo die Geneigt= heit von Arbeitern und Unternehmern zu dieser Form besteht, wird es gut sein, die Sache zu versuchen, allein eine allgemeine Formel möchte ich auch hier nicht vorschlagen. Bis jetzt ist der allgemeine Gedanke, die Richtung gegeben, es kömmt nun darauf an, möglichst viel Versuche selbst der verschiedensten Art durchzuführen, nur die Erfahrung wird uns feste Regeln an die Hand geben und uns lehren, auf welchen Wegen das Ziel des socialen Friedens zu erreichen ist.

[1]) Dem einzigen Auskunftsmittel, nämlich der Erwerbung und Belehnung der Actien durch die Unternehmung stehen gesetzliche Schwierigkeiten entgegen. Es ist nicht unwahrscheinlich, daß sich für diese Industrial Partnerships neue Rechtsformen bilden werden.

Ueber die Frage von der Betheiligung der Arbeiter am Gewinn und Eigenthum der Fabriken.

Gutachten
erstattet von
Dr. Max Weigert, Fabrikbesitzer in Berlin.

Das vorliegende Thema zerfällt in zwei vollständig von einander getrennte Theile: in die Frage von der Betheiligung der Arbeiter am Eigenthum — und am Gewinn gewerblicher Unternehmungen.

Betrachten wir zunächst die rechtliche Seite dieser Frage, so ist dieselbe, was den ersten Theil (die Betheiligung am Eigenthum) anlangt, verneinend zu beantworten. Das Eigenthum ist ein Product der Vergangenheit, das Erzeugniß eigener Arbeit und Enthaltsamkeit oder des rechtlich anerkannten Erbrechtes durch Gesetze geschützt und gewährleistet und der freien Verfügbarkeit des Besitzers überlassen. Ein rechtlicher Anspruch der Arbeiter, an diesem Eigenthum Antheil zu erhalten, liegt also nicht vor; es dürfte sich nur um freiwillige Entäußerung des Eigenthümers zu Gunsten derselben handeln, auf die später zurückkommen werde.

Etwas anders scheint es zu liegen bei der Frage von der Betheiligung der Arbeiter am Gewinn. Der Gewinn ist ein Product der Gegenwart und Zukunft; zu seiner Erlangung wirkt der Arbeiter mit, bei seiner Berechnung ist er auf das stärkste interessirt. Es ist der Streit um die Berechtigung des sogenannten Unternehmer=Gewinns, auf den die Frage von der Gewinnbetheiligung der Arbeiter herausläuft. Unter Unternehmer=Gewinn versteht man den Nutzen, welcher bei einer Production nach Abzug der für Capitalsnutzung und Arbeitslohn aufgewendeten Kosten in dem Tauschwerth des erzeugten Productes für den Unternehmer zu Tage tritt. Dieser Unternehmer=Gewinn ist weit entfernt ein unverdienter, ohne Gegenleistung sich herausstellender Nutzen zu sein, sondern er ist in Wahrheit nichts anderes, als ein Entgelt für die wirthschaftlichen Leistungen des Unternehmers und je nach ihrem Werthe in den einzelnen Fällen ein verschiedener. Er unterscheidet sich äußerlich von dem Arbeitslohn, d. h. von dem, dem Arbeiter im engeren Sinne, gezahlten Lohne dadurch, daß er nicht wie dieser, ein vorher bestimmbarer und zahlbarer, sondern erst nach Verwerthung der hergestellten Producte, — und da eine Unternehmung stets auf die Dauer einer längeren Zeit berechnet ist, — erst nach Ablauf dieser festzustellender ist.

Diesem äußerlichen Unterschiede des Unternehmer-Gewinnes vom Arbeitslohn entspricht aber auch der innere Unterschied der Unternehmerthätigkeit von der des Arbeiters. Bei diesem ist es einfach die Ausführung einer gegebenen Arbeit, die verlangt wird, bei der je nach ihrer Qualität sehr verschiedene Kräfte und Fähigkeiten angewendet werden müssen, eines Gegenstandes, dessen Werth der Unternehmer berechnet und nach dem er den Arbeitslohn festgestellt haben muß, in der Hoffnung, in dem künftigen Preise eine Erstattung desselben zu finden.

Der Unternehmer ist dagegen der Mann der Initiative, der die einzelnen Kräfte in Bewegung zu setzen versteht, die latente Arbeitskraft der Individuen zur Erzeugung von Gebrauchsgegenständen verwendet und somit erst die Entfaltung und Nutzbarkeit derselben bewirkt. Das Verhältniß des Arbeiters zum Unternehmer läßt sich vergleichen mit dem des einfachen Soldaten zum Feldherrn. Wie von dem Soldaten wird vom Arbeiter Thätigkeit, Ertragung von Mühen, Zuverlässigkeit und die Aufwendung einer großen Summe von Anstrengung verlangt, aber seine Leistungen werden geleitet, bestimmt und ihr Erfolg bewirkt dort vom Feldherrn, hier vom Unternehmer. Neben dieser nicht hoch genug anzuschlagenden Initiative ist es das Risico, die Einsetzung der ganzen Existenz in materieller, wie moralischer Beziehung, welche die Thätigkeit des Unternehmers von der des Arbeiters unterscheidet, und in dem Unternehmer-Gewinn mit zum Ausdruck zu kommen hat. Es ist ferner die Umsicht in der Leitung des Unternehmens, die Berechnung der Conjuncturen, die technische und mercantilische Bildung, kurz eine große Zahl von Fähigkeiten und Eigenschaften, welche der Unternehmer besitzen muß und deren Vergütigung er in Anspruch nehmen darf. Daß die Vergütigung einer solchen Thätigkeit eine andere sein muß, als die für die mechanische Leistung des Arbeiters, ist klar; es ist eine Verkennung unseres industriellen Lebens von diesen Größen als commensurablen zu sprechen. Daß aber der Unternehmer-Gewinn keine feststehende Größe ist, sondern sich einzig nach dem Grade des Vorhandenseins der erwähnten Eigenschaften richtet, beweist die Praxis. Nicht alle Unternehmungen reüssiren gleich, unter denselben Verhältnissen in dem nämlichen Geschäftszweige, unter Benutzung des gleichen Capitals und gleich tüchtiger Arbeiter, prosperirt die eine Unternehmung und die andere geht zurück, weil dort der Unternehmer mit größeren Fähigkeiten ausgestattet ist, wie hier. Und in der Regel ist es nicht der Mangel an Fleiß und Thätigkeit, der die geringere Prosperität herbeiführt, sondern das Fehlen der eigentlichen Unternehmer-Eigenschaften: der Umsicht, Kenntniß und dergleichen. Wie weit entfernt auch der tüchtigste Arbeiter ist, ein geeigneter Unternehmer zu sein, beweist die oft gezeigte Ohnmacht der Productiv-

Genossenschaft, welche nicht etwa der Uebermacht des Großcapitals, sondern in der Regel der Ueberlegenheit tüchtiger, geschulter Unternehmer unterlegen sind. Es ist also in der That die Thätigkeit des Unternehmers eine qualitativ andere, als die des Arbeiters, der aus dieser Thätigkeit hervorgehende Nutzen ein berechtigter.

Es fragt sich nun: Ist der Unternehmer-Gewinn, wie er in unserm heutigen Gewerbeleben zu Tage tritt, ein zum Schaden der Vergütigung für die Capitalsnutzung und des Arbeitslohns ungebührlich hoher; ist also die Vertheilung des Nutzens der Production unter ihre einzelnen Factoren eine ungerechte?

Daß die Entschädigung des Capitals in der gewerblichen Production eine zu geringe sei, hat der Socialismus noch nicht behauptet; er ist im Gegentheil geneigt, sie für eine zu große zu halten. Daß dem nicht so ist, beweist die grade gegenwärtig so allgemein auftretende Scheu des Capitals, sich an gewerblichen Unternehmungen zu betheiligen, eine Erscheinung, die jede leichte politische Unsicherheit, jede Störung der normalen Verhältnisse hervorruft. Daß aber der Unternehmer nicht etwa den Löwenantheil des Nutzens der Production zum Schaden des Capitals für sich in Anspruch nimmt, beweist die Schwierigkeit, mit der er es oft nur unter den größten Opfern zur Aufrechterhaltung seines Geschäfts heran ziehen kann.

Die nähere Ausführung dieser Seite der Frage ist hier nicht meine Aufgabe. Es handelt sich vielmehr um das Verhältniß des Unternehmer-Gewinns zum Arbeitslohn. —

Dem Unternehmer steht der Arbeiter heut nicht mehr gegenüber als willenloses Werkzeug, als Sklave oder an die Scholle gefesselter Leibeigener, der nur das zur Leibes Nahrung und Nothdurft Erforderliche für seine Leistungen erhält, sondern als freier, über den Gebrauch seiner Kräfte selbstständig verfügender Mann. Aus der rudis indigestaque moles von ehedem ist der Arbeiter geworden, welcher im Besitze des Rechtes der Freizügigkeit, Gewerbefreiheit, Coalitionsfreiheit und anderer, einen freien Arbeitscontract zu schließen im Stande ist und den möglichst höchsten Preis für seine Leistungen beanspruchen und durchsetzen kann. Dem wirthschaftlichen Unternehmer tritt er gegenüber gewissermaßen gleichfalls als Unternehmer, der, ebenso wie jener die beste Verwerthung seiner Waaren, — die einträglichste Benutzung seiner Arbeitskraft durchzusetzen sucht. Der Anspruch einer Theilnahme am Gewinn des Unternehmers erscheint mir ähnlich ungereimt, wie wenn ein Fabrikant Antheil an dem Nutzen prätendirte, den sein Kunde beim Weiterverkauf der von ihm gekauften Waare gehabt hat. In seinem Bestreben befindet sich der Arbeiter entschieden im Vortheil gegen den gewerblichen Unternehmer. Während die wachsende Zunahme des Capitals eine Ausdehnung der Industrie und durch Vermehrung der Concurrenz eine Herabdrückung des Unternehmer-Gewinns zur Folge hat, wird hierdurch eine größere Nachfrage nach Arbeit geschaffen, und ein Steigen der Löhne herbeigeführt. Daß ein solches in der That stattgefunden, und besonders in den letzten Jahren in außerordentlichem Maße eingetreten ist, kann nicht geleugnet werden; die Behauptung, daß der heutige

Lohnstand im Allgemeinen kaum die Selbstkosten der Arbeit deckt, bedarf eines Beweises, der noch nicht geführt ist und allerdings schwer zu führen sein dürfte. Aus diesem Grunde dürfen wir aber der gegnerischen Ansicht die unsrige, daß in den Gewerben eine außerordentliche Lohnsteigerung eingetreten ist und stetig mehr Platz greift, daß der heutige Lohn im Allgemeinen ein der dafür geforderten Leistung entsprechender und ohne den wirthschaftlichen Fortschritt zu gefährden, nicht wesentlich zu erhöhender ist, entgegenstellen. Das Verhältniß zwischen Arbeiter und Unternehmer ist in der Praxis ein von dem theoretisch so häufig aufgestellten weitaus verschiedenes. Während diese Theorie von der Voraussetzung ausgeht, daß der sogenannte freie Arbeitsvertrag eigentlich kein solcher ist, sondern die Erwerbung der nothwendigsten Lebensbedürfnisse den Arbeiter zwingt, sich mit gebundenen Händen den Unternehmern zu überliefern; die Freiheiten, deren er sich erfreut, also in den meisten Fällen illusorische sind, da ihm die Macht fehlt, sie geltend zu machen, hat sich in Wahrheit in unserm Gewerbeleben das Verhältniß vollständig umgekehrt gestaltet. Es ist vielmehr der Unternehmer, welcher in überwiegendem Maße und mit nicht geringerer Intensität, wie die Arbeiter der Leistungen derselben bedarf und den ihm gestellten Bedingungen sich unterwerfen muß. Während beim Arbeiter die Existenz des Lebens auf dem Spiele steht, ist es, da wir den Unternehmer vom Capitalisten trennen müssen, bei ihm nicht minder Existenz, Ehre und Leben, welche eine Fortführung seines Geschäfts dringend erheischen.

Wenn beim Arbeiter, um die äußersten Consequenzen zu ziehen, Darben und Noth die Folgen der Arbeitslosigkeit sein können, führt die Unmöglichkeit, seine Fabrik in Thätigkeit zu erhalten, für den Unternehmer den Ruin derselben und häufig gleichfalls Mangel herbei. Während aber der Arbeiter mit Leichtigkeit Beschäftigung finden und seine Lage verbessern kann, ist ein ruinirter Unternehmer weit schwieriger befähigt, eine neue Existenz zu gründen. Bei der heutigen Lage der Industrie muß ich jedoch die Unmöglichkeit, in der sich der Arbeiter befinden könnte, Beschäftigung zu finden, als eine äußerst hypothetische hinstellen. Unsere industrielle Thätigkeit ist in regem Aufschwung begriffen, die Vergrößerung des Capitals wird sie immer weiter ausdehnen. Es hat sich gezeigt, daß aller Orten und in allen Gewerben fühlbarer Arbeiter-Mangel herrscht, vergeblich Hände gesucht werden. Selbst in der schweren industriellen und merkantilischen Krisis, in der wir uns befinden, hat sich das Verhältniß wenig geändert, weil der Unternehmer nicht ohne empfindlichen Schaden eine wesentliche Einschränkung seiner Production vornehmen kann. In solchen Zeiten wälzt sich der Druck nicht auf den Arbeitslohn, sondern auf den Unternehmer-Gewinn. Es ist nicht der Arbeiter, der zu Grunde geht, sondern der Unternehmer und das Capital; unter hundert Fällen werden neunzig Mal die Unternehmer zuerst von solchen Verhängnissen heimgesucht.

Es herrscht überhaupt meistens eine durchaus irrige Meinung von der Höhe des Unternehmer-Gewinns. Die Theoretiker sehn nur Schlotbarone, die Spitzen der Industrie und übersehen ganz, daß sich das Gros der

Industriellen in durchaus verschiedener Lage befindet. Während es jene durch besondere Intelligenz, günstige Conjuncturen, Capitalsreichthum und ähnliche Verhältnisse zu außergewöhnlich glänzenden Erfolgen gebracht haben, ist der große industrielle Mittelstand — und dieser kann der allein maßgebende sein, — weit entfernt, ähnliche Prosperität in seinen Unternehmungen aufweisen zu können. Wir sehen im Gegentheil beim emsigsten Arbeiten, intelligentesten Streben, beim Einsetzen von Capital, Ehre und Renommé in der Regel ein sehr bescheidenes Vorwärtskommen, einen dem Einsatz durchaus nicht entsprechenden Gewinn. Wo ein höherer Nutzen erreicht wird, ist es entweder eine ganz besondere, industrielle Befähigung, welche neue mit höheren Preisen bezahlte Producte erzeugt, oder — und dies wohl in den häufigsten Fällen — eine hervorragende merkantilische Kraft, welche durch Benutzung der Conjuncturen, Eröffnung neuer Absatzgebiete und dergleichen, vorzugsweise Vortheile sich zu erringen versteht.

Daß aber der Gewinn eines oder einzelner Jahre durch die Verluste ungünstiger Zeiten mit Leichtigkeit absorbirt wird, daß in ihm also gleichzeitig eine Risicoprämie für spätere Verluste steckt, kann Niemandem entgehn.

Daß in der That die specielle Thätigkeit des Unternehmers einen ihm eigenthümlichen Nutzen erzeugt, beweist auf das schlagendste ein Hinblick auf die Actiengesellschaft. Hier besteht allerdings in den meisten Fällen — wenn wir die Wirkung des Aufsichtsrathes und der Generalversammlung den thatsächlichen Verhältnissen entsprechend betrachten wollen, — kein Unternehmer, von dem der Engländer sagt, the masters eye makes the horse fat! Aber welches ist der Erfolg? Ich gebe die mehrjährigen Dividenden einer Anzahl industrieller Actienunternehmungen — und nicht schwindelhaft gegründeter der letzten Jahre, sondern solider guter Gesellschaften, und die Zahlen beweisen, daß der abgeworfene Nutzen kaum ein mit Rücksicht auf die riskante Anlage des Capitals in gewerblichen Unternehmungen genügende Verzinsung ergeben hat.

	1858	1859	1860	1861	1862	1863	1864	1865	1866	1867	1868	1869	Im Durchschnitte.
Berliner Eisenbahnbedarf-Actiengesellschaft . . .	2	4 1/2	1 1/3	5 1/4	8 1/2	8	8 1/2	5 1/2	10	12	11 1/2	14	7 1/2
Gladbacher Spinnerei .	10	11	17	18	20	0	0	0	3	0	10	0	7 5/12
Hannoversche Baumwollenspinnerei, Weberei .	6	6	10	10	4	4	4	5	5	3/4	7	5	5 7/12
Tarnowitzer Actiengesellschaft für Berg und Hüttenbau	—	—	—	—	3	7	5	6	4	0	4	4	4 1/8
Magdeburger Gasgesellsch.	—	3	3 1/3	3 1/4	4 1/2	4 1/2	4 1/2	4 1/2	5 1/2	5	3	4 1/2	4 2/11
Cöln-Müsener Bergwerks-Verein	0	3	4 1/2	7	5	5	3	3	3	0	0	4 1/2	3 1/6
„Vorwärts" Actiengesellschaft für Flachsspinnerei in Bielefeld . .	—	—	—	—	20	25	18	5	0	0	0	0	8 1/2

So scheint mir der Schluß gestattet, daß der Unternehmer-Gewinn einerseits als solcher gerechtfertigt ist, andererseits im Verhältniß zum Arbeitslohn keine ungehörige Höhe erreicht.

Halte ich somit einen aus der Theorie herzuleitenden Anspruch der Arbeiter auf Theilnahme am Unternehmer-Gewinn für ungerechtfertigt, so fragt sich jetzt, ob aus Opportunitätsrücksichten dessen practische Durchführung für Arbeitgeber wie Arbeitnehmer als wünschenswerth zu erachten ist. Wir leben in einem socialen Kriege, so heißt es; Arbeitgeber und -Nehmer stehen sich schroff gegenüber, ein Ausgleich, eine Versöhnung ist für die Moralität und Existenz der Einzelnen, wie für die Fortentwickelung der Industrie dringend nothwendig. Zu diesem Kriege haben die gebildeten, besitzenden Klassen dem Arbeiter die Waffen geschmiedet. Sie haben durch Wort und That, in Versammlungen und Parlamenten ihm die Rechte erobert, deren Besitz ihn heute befähigt, sein Interesse energisch zu vertreten. Der Unternehmerstand hat kräftig mitgeholfen in diesen Bestrebungen. Er hat bei der Einführung der Gewerbefreiheit, Freizügigkeit, Coalitionsfreiheit, der Aufhebung der Schuldhaft, den freiheitlichen Bestimmungen in der Gewerbe-Ordnung und ähnlichem theils direct mitgewirkt, theils den neuen Bestimmungen gern zugestimmt; er hat die mannigfachen Auswüchse, welche zu seinem und ganzer Industriezweige Schaden durch die zum Theil zu schnell erfolgenden Umwälzungen zu Tage treten, als krankhafte Ausschreitungen erkannt, welche die fortschreitende Bildung und Erkenntniß der Arbeiter beseitigen wird, — nicht aber die Rückkehr in die alten Verhältnisse erwünscht und erstrebt. Er hat dem Wohlergehn der Arbeiter pecuniäre und geistige Opfer gebracht, den Bau von Arbeiterwohnungen, die Einrichtung von Kranken-, Invaliden- und Unterstützungskassen in die Hand genommen, für gesunde Beschaffenheit der Fabrikräume Sorge getragen. Unsere modernen Fabriken bieten dem Arbeiter einen Aufenthalt, wie ihn unsere Beamten in ihren Büreauzimmern, unsere Professoren in ihren Auditorien nur selten finden. Unter allen Ständen erhält sich der Industrielle vermöge seiner Beschäftigung am längsten den Idealismus. Der Landwirth producirt gegebene Dinge, auf deren Hervorbringung ihm die Elemente nur geringen Einfluß gestatten; — der Kaufmann erzeugt Werthe aus vorhandenen Stoffen, meistens durch räumliche Uebertragung, — der Industrielle bringt aus unscheinbaren Keimen unzählige neue Gegenstände hervor durch eigene Schöpferkraft. Und diese seine Stellung im Gewerbeleben, die seinen Character bildet, hat der Industrielle nur selten vergessen; er wird, trotzdem der Krieg nicht durch seine Schuld entbrannt ist, dennoch gern die Hand zu seiner Beilegung bieten und den Frieden mit Opfern erkaufen. Allerdings appellirt man ein wenig stark an seinen Idealismus!

Man nennt ihn den modernen Sklavenhalter und Zwingherrn, seine Fabriken einen Verderb für Gesundheit und Sittlichkeit der Arbeiter, sein Industriesystem den Ruin für die gedeihliche Entwickelung des Menschengeschlechts! So klagt man ihn an, nicht nur in aufgeregter Volksversammlung, sondern in wissenschaftlichen Schriften und vom Katheder. Und von diesem

Unternehmer, dem man einerseits den geknechteten Arbeiter gegenüberstellt, ihn also als Sieger ansieht, den man andererseits mit allen ordentlichen Fehlern behaftet darstellt, verlangt man die Versöhnungshand? Ich glaube, hier liegt eine bedenkliche Inconsequenz vor. Entweder ist der Unternehmer in dem socialen Kampfe der Besiegte, oder wenn er als Sieger Friede und Versöhnung schafft, sind seine Eigenschaften nicht so schlimme, wie man sie ausmalt! —

Betrachten wir im Folgenden, ob eine Wiederherstellung des socialen Friedens auf Grundlage der Betheiligung der Arbeiter am Unternehmer-Gewinn möglich ist.

Die Betheiligung der Arbeiter am Unternehmer-Gewinn (industrial partnership, nouveau contrat, Arbeitsgesellschaft) d. h. an dem beim Jahresschlusse, nach Aufstellung der Bilanz, sich herausstellenden Nutzen erscheint mir aus mehrfachen Gründen unpractisch, ja sogar schädlich. Ich halte sie, weit entfernt ein Mittel zur Verwischung der Klassen-Gegensätze zu sein, vielmehr geeignet, nur noch tiefere Zerwürfnisse zwischen Arbeitgebern und -Nehmern herbeizuführen. Eine jede größere Gemeinschaft von Personen verschiedener Bildungsstufen, Fähigkeiten, Leistungen, die auf die Erreichung bestimmter Ziele gerichtet ist, verlangt eine Unterwerfung der Einzelnen unter die höheren Zwecke des Ganzen; diese Unterwerfung wird um so größer und unbedingter sein müssen, einerseits, je mehr die Leitung des Unternehmens nur von Wenigen ausgeführt werden kann, andererseits, je größer der Abstand der Fähigkeiten der großen Masse von der der Leiter ist. Beide Momente walten in der gewerblichen Unternehmung in hohem Grade vor. Wie auf wenigen Gebieten beruht hier das Wohl und Wehe des Ganzen auf der Capacität einer oder weniger Personen, der Unternehmer; mangelt den Arbeitnehmern, und auch den tüchtigsten, die das Gelingen der Unternehmung verbürgenden Eigenschaften des Unternehmers. Und grade dieser Grundpfeiler des Gedeihens der Unternehmung: die ungeschmälerte Autorität der Leitung erscheint mir durch die Betheiligung der Arbeiter am Unternehmer-Gewinn gefährdet. Daß diese Autorität eine unumstößliche Nothwendigkeit ist, anerkennen selbst die begeisterten Vertreter des in Rede stehenden Systems: Charles Robert (la suppression des grèves par l'association aux bénéfices, Paris 1870) sagt wörtlich:

Je déclare nettement, que le maintient de l'autorité, je dirai même de la dictature du patron est un des principes fondamentaux de l'association aux bénéfices. Les personnes, qui ont fondé des associations coopératives savent que le gérant doit disposer de pouvoirs étendus. Il en est de même, à plus forte raison du patron. Il est le chef, le directeur, il a la responsabilité vis-à-vis des tiers; il a engagé ses capitaux; il a le droit de commander et de stipuler expressément le maintient de ce droit.

L'immixtion des ouvriers dans la gestion serait déplorable; ce serait le désordre, l'anarchie, la ruine: les plus intelligents le savent bien; ils comprennent parfaitement que la division du travail est la loi des sociétés civilisées, et qu'on peut être un ouvrier forgeron admirable sans avoir la capacité nécessaire pour discuter les clauses d'un cahier des charges relatif à l'adjudication d'une fourniture de rails, ou pour aller en Angleterre ouvrir à l'industrie française de nouveaux débouchés.

Je n'admets pas non plus l'immixtion des ouvriers sous prétexte de contrôle dans le détail des comptes. (Pag. 64.)

Das sind Ausdrücke, wie sie nicht energischer und treffender gebraucht werden können. Und ich bin der Ansicht, daß diese nothwendige Autorität der Leitung durch die Betheiligung der Arbeiter am Unternehmer-Gewinn in schwerem Maße geschädigt werden würde. Sie möchte bestehn, so lange der sich herausstellende Nutzen ein großartiger ist, die den Arbeitern zufallenden Dividenden glänzende sind, aber auch dann würde der auf den Einzelnen entfallende verhältnißmäßig kleine Antheil gewiß Unkundige oder Uebelbenkende stutzig machen. Sobald jedoch die Gewinne gering sind, oder ganz ausfallen, würde sich Mißtrauen einstellen, Unzufriedenheit und Feindschaft zu Tage treten.

Die Bilanzen, wenn sie selbst den Einzelnen zur Einsicht frei ständen, werden nicht verstanden, die Zahlen und Endresultate würden gesehen, aber ihre Berechtigung nicht begriffen werden. Die Folgen ungünstiger Geschäftslagen und Conjuncturen würden dem Unternehmer als Unfähigkeit, Trägheit, unreelle Handlungsweise zur Last gelegt, das Vertrauen zu dem Geschäft in dem Arbeiter und in weiteren Kreisen untergraben werden. Der redlichste, wohlwollendste Mann würde noch ganz anders, wie das Directorium einer Actiengesellschaft, das der aufrührerischsten Generalversammlung eine schlechte Bilanz mittheilt, den Haß und die Verachtung seiner Arbeiter als Lohn für sein Entgegenkommen ernten. Welches ist der Grund, der in den letzten Jahren der Gründungen so viele Unternehmer von der Umwandlung ihrer Fabriken in Actiengesellschaften abgehalten hat? Sie sagten sich: Wir sind intelligent genug, um unser Unternehmen allein zu leiten, wir haben die nöthigen Mittel zu seiner Fortführung, wir wollen die Früchte unseres Schaffens genießen und den Schaden allein tragen; uns nicht der Unannehmlichkeit aussetzen, wenn uns durch widrige Umstände Verluste erwachsen, der Kritik von Leuten unterworfen zu sein, die als Demagogen der Generalversammlungen aus Unverstand oder böser Absicht an unserer ihnen weit überlegenen Einsicht und Ehre mäkeln dürfen. Und ähnliche Motive werden für den umsichtigen Unternehmer obwalten müssen, die Frage von der Betheiligung der Arbeiter am Gewinn in vorsichtigste Erwägung zu ziehn.

Die Autorität des Unternehmers würde ferner auch in folgender Weise stark gefährdet sein. Einen wesentlichen Einfluß auf die Rentabilität von Fabriken üben die zur Anwendung kommenden Maschinen. Mit wunderbarem Erfolge arbeitet die Technik daran, die Leistungsfähigkeit der Maschinen zu erhöhen: Der Handwebstuhl wird von dem Maschinenstuhl besiegt, die Handspindel durch die Spinnmaschine, diese wieder durch den Selfactor, die neueren Constructionen vergrößern das Productionsquantum auf das erheblichste.

Aehnlich auf anderen Gebieten. Ein Unternehmer, der mit ältern Maschinen arbeitet, weil vielleicht das Capital, vielleicht auch andere Gründe ihm Ausdehnung und Neuerungen verbieten, und demnach einen geringeren Nutzen vertheilen kann, während das Nachbar-Etablissement mit seinen neuen Maschinen größeren Gewinn bringt, soll er durch seine Arbeiter gezwungen werden, ihnen zu Gefallen, die eine größere Rentabilität versprechenden Einrichtungen zu treffen? — und thut er es nicht, wird er in ihren Augen der wohlwollende mit Autorität bekleidete Unternehmer bleiben? Es lassen sich die verschiedensten Ursachen denken, welche auch den bestsituirten Unternehmer dergleichen Anschaffungen als überflüssig ansehn lassen: hohes Alter, geringer Gebrauch, Kinderlosigkeit und ähnliche, — soll er zum Sklaven oder zum Feind seiner Arbeiter herabsinken?

Diesen moralischen Gründen, welche von Seiten der Unternehmer gegen die Betheiligung der Arbeiter am Gewinn sprechen, sind andere zur Seite zu stellen, die mit Rücksicht auf die Arbeiter zu dem nämlichen Ziele gelangen. Die Anhänger der industrial partnership sehen in ihr die Sonne, die den socialen Frieden auf Erden bescheinen soll; ich im Gegentheil fasse sie als eine neue Quelle von Zwietracht und Mißgunst auf. Eine solche kann sie auch für die Arbeiter werden. Sie wird eine Verschiedenheit des Einkommens derselben erzeugen, und zwar keine ihren Fähigkeiten und Leistungen entsprechende, sondern eine aus zufälligen Glücksumständen herrührende. Der Arbeiter in einer Fabrik mit den besten neuesten Maschinen wird einen höheren Gewinn ziehen, als der in einem Etablissement beschäftigte, wo dies nicht der Fall ist; es werden Differenzen an dem nämlichen Platze, in demselben Geschäftszweige entstehn, die nicht zur Vergrößerung des Friedens dienen können. Wenn ein Unternehmer einen kleineren Nutzen aus seinem Geschäfte zieht, als andere, so liegt dies in der Differenz der Capitalien, der Fähigkeiten, also im Fehlen industrieller, geistiger oder physischer eigener Kräfte, deren Unannehmlichkeiten er tragen muß — der Arbeiter, der trotz eifrigster Thätigkeit, aufopferndster Arbeit es nicht soweit bringt, wie sein vielleicht weniger befähigter College in der nächsten besser rentirenden Fabrik, wird nicht minder wie jetzt über die Ungleichheit der Güter-Vertheilung klagen und mit mehr Recht, da der blinde Zufall sein Spiel treibt!

Aehnliche Zustände werden herbeigeführt werden durch die Art der Vertheilung des Gewinnes. Es ist kein Grundsatz aufgestellt worden, und er ist — selbst bei unbedingter Anerkennung des Princips — nicht aufzustellen, wie die Vertheilung des Gewinnes geschehen soll. Ich finde in den später zu bringenden bestehenden Arbeitsgesellschaften die verschiedensten Principien aufgestellt. Bei einigen wird unter die Arbeiter ein gewisser Procentsatz des Gewinns vertheilt, bei anderen wird derselbe nach Abzug der Capitalsverzinsung und der Vergütigung für Arbeitsleistung des Unternehmers zu gleichen Theilen zwischen diesem und jenem getheilt. Die Stellung des Arbeiters, wo nach diesem Grundsatz verfahren wird, ist eine andere und günstigere, als wo jener maßgebend ist. Welches soll ferner das Aequivalent für die Arbeitsleistung des Unternehmers sein? Seine Feststellung steht in der Hand des Unternehmers. Neue Quelle von Unzufriedenheit. Und doch wie verschieden ist diese Arbeitsleistung! Wie anders in einem Unternehmen, das der Mode unterworfene Waaren erzeugt, als in dem, welches Stapelartikel fabricirt, in einem Geschäft, dessen Rohstoffe mannichfach sind, große Kenntniß beim Einkauf erfordern und in dem, welches nur einfache leicht zu unterscheidende Materialien verwendet. Unzählige Variationen lassen sich anführen und der Arbeiter wird sich häufig für benachtheiligt halten. Dieser Betrag vergrößert sich mit der Zahl der Unternehmer in einer Fabrik. Die Aufnahme eines neuen Associés beeinträchtigt vielleicht den Nutzen der Arbeiter! Wie soll endlich das im Unternehmen arbeitende Capital normirt und wie hoch dessen Verzinsung angenommen werden? Auch hierin liegt ein wesentlicher Factor, der den zur Vertheilung kommenden Nutzen erhöhen oder schmälern kann. Alle diese Differenzen, die nicht durch allgemeine Grundsätze aus der Welt zu schaffen sind, werden die Gewinnantheile der Arbeiter in den einzelnen Unternehmungen der nämlichen Branche und desselben Ortes zu sehr verschiedenem machen, Unzufriedenheiten unter ihnen, neue Zwietracht zwischen ihnen und den Unternehmern schaffen. —

Wenden wir uns jetzt zu der wirthschaftlichen Seite der Frage.

Hier ist vor allem die Kehrseite des Unternehmer-Gewinns, der Unternehmerverlust ins Auge zu fassen. Eine Theilnahme am Gewinn involvirt nothwendig eine Theilnahme am Verlust; ohne letztere ist erstere nicht denkbar, wenn das Verhältniß ein logisches, rechtliches und nicht ein Almosen-Verhältniß sein soll. Einen Verlust ertragen können, setzt das Vorhandensein von Capital voraus, aus welchem derselbe, ohne die Existenz des Eigenthümers zu gefährden, bestritten werden kann. Solche Capitalisten sind die Arbeiter nicht, und haben sie kleine Ersparnisse gemacht, so sollten diese am allerwenigsten industriellen Risiken ausgesetzt werden. Eben weil das Risiko in gewerblichen Unternehmungen ein sehr bedeutendes ist, muß der Nutzen desselben ein größerer sein. Derselbe ist jedoch nur zu einem Theil als die Risikoprämie des im Geschäfte arbeitenden Capitals anzusehen und zum andern als Unternehmer-Gewinn zu betrachten, der einerseits das Aequivalent der Arbeitsleistung des Unternehmers repräsentirt, andererseits das moralische Risiko desselben ausdrückt, durch welches er dem Capitalisten eine Gewähr für die Sicherheit seiner Einlage bietet. Wir können uns zwei gleiche Unternehmungen denken, welche mit gleichem geliehenen Capital arbeiten, gleich reüssiren und von denen das eine dem Unternehmer einen größeren Nutzen abwirft, als das andere, weil er vermöge seiner Persönlichkeit sein Capital zu geringerem Zinsfuß erhält wie der andere!

Wie schwankend die Gewinne in den meisten Geschäften sind, wie oft auf ein günstiges Jahr lange Zeiten kommen, in denen ohne Gewinn oder mit Verlust gearbeitet wird, weiß jeder Unternehmer, nur durch das Sammeln in günstiger Zeit wird das Ertragen dieser Verluste möglich gemacht. Diesen wechselnden Chancen des Unternehmer-Gewinns gegenüber steht der stabile

Arbeitslohn. Es hieße den Arbeiter in die unheilvollsten Schwankungen hineinziehn, wollte man ihn an den Chancen des Unternehmers betheiligen. Denn wie sollte er zum Tragen der Geschäftsverluste herangezogen werden? Es könnte durch die Bildung eines Reservefonds geschehen, der aber in vielen Unternehmungen sehr stark sein müßte, um wirklich allen Risiken begegnen zu können. Es wäre dies jedoch eine Ungerechtigkeit gegen den am Gewinn betheiligten Arbeiter.

Wenn sich ein Unternehmer einen Reservefond anlegt, so nimmt er einen Theil des Gewinns, den er in die eine Tasche stecken könnte, und legt ihn vorsorglich in die andere; er ist stets Eigenthümer des sicheren, und gewissermaßen zweifelhaften Gewinns. Der Arbeiter jedoch, welcher aus den verschiedensten Gründen aufhören kann, in dem Unternehmen thätig zu sein, muß einen Theil des ihm zu Gunsten des Reservefonds entzogenen Gewinns bei seinem Austritte in demselben zurücklassen zum Nutzen seiner Nachfolger. So würde, wenn durch Bildung eines starken Reservefonds die Betheiligung der Arbeiter an den Verlusten ermöglicht wäre, einerseits eine ungerechte Vertheilung der Gewinne, andererseits deren auf den Einzelnen fallende Antheile äußerst gering werden.

Die Art und Weise aber, wie die Betheiligung der Arbeiter am Gewinn geschehen würde, schließt eine weitere Ungerechtigkeit in sich. Derselbe muß berechnet werden nach dem Verhältniß, in dem der Einzelne an der Gesammtsumme der im Jahre im Geschäfte verausgabten Löhne participirt hat, und zwar kann man entweder alle Löhne als gleich betrachten oder zwischen festen Zeitlöhnen und Accord- oder Stücklöhnen einen Unterschied machen, und erstere in erhöhtem Maße an der Dividende Theil nehmen lassen als letztere, die gewissermaßen schon eine Tantième in sich schließen. Es ist nun aber nicht zu verkennen, daß die Gleichheit des Lohnes durchaus nicht den gleichen Antheil an der für das Geschäft gedeihlichen Thätigkeit ausdrückt. Bei gleichen Lohnsätzen hat ein tüchtiger Heizer, der bekanntlich durch seine Aufmerksamkeit und Geschicklichkeit einer Fabrik große Summen an Heizmaterial ersparen kann, an dem sich herausstellenden Nutzen viel erheblicheren Antheil als ein Weber, der eben nur seiner Arbeit am Webestuhl nachkommt; und ähnliche Fälle lassen sich zahlreich nachweisen.

Die Betheiligung der Arbeiter am Unternehmer-Gewinn scheint mir ferner nicht an Werth zu gewinnen, wenn ich das häufig mit Nachdruck geltend gemachte Motiv ins Auge fasse, daß durch sie die Arbeiter zu außerordentlicher Anstrengung und Achtsamkeit angespornt werden, deren materielle Ergebnisse und sittliche Folgen die ihnen in Aussicht gestellte Belohnung vollständig aufwiegen. Hiergegen habe ich zu erwidern, daß einerseits nur in einer sehr beschränkten Gattung von Unternehmungen durch besondere Leistungen der Arbeiter eine wesentliche Erhöhung des Nutzens eintreten kann. Es ist dies möglich in Industriezweigen, wo das Verhältniß der Arbeitskosten zu den gesammten Productionskosten sehr beträchtlich ist. Dasselbe variirt in den verschiedenen Gewerben sehr bedeutend; von etwa 70 bis 80 Procent bei den Bergleuten in den Kohlengruben bis zu einem bloßen Procent-

Bruchtheile bei den Diamantschneidern. Wo der Procentsatz hoch ist, kann die vermehrte Anstrengung der Arbeiter den Geschäftsgewinn leicht wesentlich erhöhen, um so mehr, wenn das Unternehmen selbst einfacher Natur, der Absatz auf gewisse Kreise beschränkt und regelmäßig ist. Solche Unternehmungen, deren Zahl jedoch nicht sehr bedeutend ist, dürften ihrer innern Natur nach sich noch am ehesten für industrial partnerships eignen, obgleich ich auch hier der Ansicht bin, daß die Thätigkeit der Arbeiter besser durch andere Mittel gefördert werden dürfte. Und ich frage mich, welchen Arbeiterstand hat man denn im Auge! Ist es ein fleißiger, sittlicher, — nun so wird er, wenn er aus freiem Willen einen Arbeitscontract eingeht, sich bestreben, seine Schuldigkeit nach besten Kräften zu thun, er wird die Heiligkeit des Vertrages erkennen, und sich der Erfüllung der übernommenen Pflichten befleißigen, ohne am Unternehmer-Gewinn betheiligt zu sein; — ist er aber ein träger, böswilliger, wie kann man dem Unternehmer zumuthen, ihn zu seinem Genossen, zum Theilhaber an seinem Eigenthum und Gewinn zu machen?

Die Theilnahme am Unternehmer-Gewinn erscheint mir aber auch keine sittlichen günstigen Folgen für den Arbeiter zu versprechen. Sie erfüllt ihn, wenn auch mit Streben, so doch mit Streben nach einem Nutzen, auf dessen Verwirklichung er in den meisten Fällen keinen oder nur sehr geringen Einfluß hat; — wie der Spieler durch Zahlung seines Einsatzes Antheil an den Chancen der Lotterie gewinnt, ohne selbst in dieselben eingreifen zu können. Ein solches Streben ist kein gesundes: es fühlt sich durch den Gewinn erfreut, aber nicht gehoben, durch den Verlust verletzt und verstimmt; Beiden stand es bestimmungslos gegenüber. Allerdings ist es die Aufgabe einsichtiger und humaner Männer, den Arbeiter herauszureißen aus der Lethargie, in die ihn geistlose und mechanische Beschäftigung so leicht versetzt, Streben nach sittlichem, geistigem und materiellem Fortschritt in ihm zu erwecken, seinen standard of life durch Entwickelung größerer Ansprüche und Ermöglichung der Verwirklichung derselben zu erhöhen. Aber nicht durch Betheiligung am Unternehmer-Gewinn halte ich dies für möglich. Denken wir uns zwei Arbeiter des nämlichen Gewerbes, beide gleich tüchtig und thätig, den einen von einem fähigen Unternehmer geleitet, welcher die Conjunctur benutzend, die günstigsten Einkäufe des Rohmaterials ausführt, Artikel fertigen läßt, welche begehrt sind und für die er die besten Absatzquellen aufsucht; — den anderen von seinem Fabrikherrn mit der Herstellung von Gegenständen beschäftigt, welche wenig beliebt sind, für die jener theureres Rohmaterial gekauft hat und deren Absatz schwierig ist; — diesem wird die industrial partnership am Jahresschluß keine Dividende abwerfen, während jener reichlichen Nutzen einstreicht! Das ist Ungerechtigkeit und nicht die Quelle sittlicher Erhebung, sondern im Gegentheil die Ursache erhöhter Unzufriedenheit.

Noch schlimmer gestaltet sich die Sache, wenn für die Arbeiter sogar die Theilnahme am Eigenthum der Fabriken gewünscht wird, wenn sie veranlaßt werden, ihre ersparten Summen in dem Unternehmen, welches sie beschäftigt, anzulegen und hierdurch zweifach an den Chancen desselben interessirt zu werden. Ein derartiges Interesse ist jedoch in den meisten Fällen kein wünschenswerthes. Es reißt die schmalen und schweren Sparpfennige des Arbeiters in die Chancen des industriellen Geschäftes, denen sie nicht ausgesetzt werden dürfen. Wie der solide kleine Capitalist sein Vermögen nicht in Industriepapieren, die ihm vielleicht einen höheren Zinsfuß versprechen, sondern in sicheren Staatspapieren anlegen wird, will er nicht sein Capital gefährden, um noch Vieles weniger darf dem Arbeiter zugemuthet werden, sein kleines Besitzthum, das ihm das Alter erleichtern, die Erziehung seiner Familie ermöglichen soll, dem Risiko einer gewerblichen Unternehmung auszusetzen. Der höheren Verzinsung eines Capitals steht überall eine geringere Sicherheit und Verfügbarkeit desselben gegenüber. Grade die letzten beiden Momente sind für den kleinen Capitalisten die wesentlichen Kriterien einer geeigneten Anlage. Man denkt an das Streben des Arbeiters, seßhaft zu werden, ein Häuschen, ein Stückchen Land sein Eigen zu nennen, und glaubt ihm durch die Verleihung von Antheil an gewerblichen Unternehmungen ähnliche Vortheile zu bieten. Doch während ich in dem ersten Wunsche eins der hervorragendsten Mittel sehe, welches die Schärfe der socialen Frage zu mildern im Stande ist, halte ich das letzte für ungeeignet und gefährlich. Dort schafft sich der Arbeiter ein eigenes Heim, das ihm die Segnungen des Familienlebens in erhöhtem Maße ermöglicht; hier wird er winziger Theilnehmer eines industriellen Etablissements, d. h. eines öden unproductiven Steinhaufens, wenn ihm die Seele des Unternehmers fehlt!

Nicht zu übersehen ist ferner, wie leicht hier in speciellen Fällen noch eine Uebervortheilung der Arbeiter von Seiten gewissenloser Unternehmer stattfinden kann, ein Punkt, den Engel in seinem Vortrage: „Der Arbeitsvertrag und die Arbeitsgesellschaft (Arbeiterfreund 1867. pag. 154) nicht unbeachtet läßt. Er sagt: „Gewiß werden eine Menge gewissenloser Unternehmer rasch bei der Hand sein, ihre auf schwachen Füßen stehenden, oder gar in verschleierter Insolvenz befindlichen Unternehmungen in Arbeitsgesellschaften zu transformiren; in anderen Fällen werden Meinungsverschiedenheiten über den Werth der Fabriken 2c. vorhanden sein, welche die Transformation erschweren. Da muß der Staat helfend bei der Hand sein; er muß Regulirungs-Commissionen in's Leben rufen, die Transformation überwachen, die Arbeiter vor Ausbeutung, die Arbeitgeber vor Schädigung schützen, ungefähr so, wie er es bei den agrarischen Ablösungen gethan hat." Dieser Anschauung kann ich nicht beipflichten. Der Staat wird solche Schwierigkeiten nie heben können, er hat seine Ohnmacht in dieser Beziehung bei der Concessionirung von Actiengesellschaften bewiesen, und in richtiger Einsicht seine Hand von ihnen weggezogen. Gewerbliche Verhältnisse sind weitaus andere und verwickeltere als agrarische; da können keine theoretischen Anschauungen, sondern nur das minutiöseste Eindringen in die feinen Fäden des betreffenden Unternehmens helfen, die kaum Jemand außer dem eigentlichen Unternehmer durchschaut.

Nicht zu vergessen ist endlich, daß die Arbeitsgesellschaft, wenn wir sie uns durchgeführt denken, schließlich sehr unbedeutende practische Resultate erzeugt.

Der auf die Arbeiter entfallende Nutzen, häufig in Hunderte, ja Tausende von Theilen getheilt, vermindert sich zu einem sehr geringen individuellen, durch den eine wesentliche materielle Aufbesserung der Lage der arbeitenden Klassen auch nicht im entferntesten zu ermöglichen ist. Er wird zum großen Theile nicht einmal zu Ersparnissen verwendet, sondern aufgebraucht werden. Diese kleineren Beträge bilden also keine Vergrößerung des zu productiven Anlagen geeigneten Nationalvermögens, wie ihre Vereinigung in einer Hand gethan hätte. Die Ausdehnung der Industrie aber wird gehemmt, die Waarenpreise gehen in die Höhe, die Nachfrage nach Arbeit verringert sich, und der Arbeitslohn sinkt.

Recapitulire ich, so kann ich mich der Ansicht nicht verschließen, daß die Industrial partnership kein wirksames Mittel zur Erhaltung bezüglich Wiederherstellung des socialen Friedens bildet und daß ihr eher ungünstige Einflüsse auf die gesammte wirthschaftliche Entwickelung der Völker, wie auf den materiellen und moralischen Fortschritt der arbeitenden Klassen zugeschrieben werden müssen. Die practischen Versuche, die bisher mit ihr angestellt worden sind, beweisen diese Ansicht. Es sind achtungswerthe Versuche von Unternehmern, den socialen Uebeln zu steuern, mit Opfern und Anstrengung in's Leben gerufen, zuweilen auch mit günstigen Resultaten belohnt. Sie sind jedoch, in den meisten Fällen weit entfernt, eine größere practische Bedeutung zu haben, vielmehr die Ausflüsse des Wohlthätigkeitssinnes edler Männer, die wir, wie jede edle Handlung mit Achtung behandeln müssen. Ob grade diese Richtung des Wohlthätigkeitssinnes eine richtige und nachahmungswerthe ist, ist eine andere Frage. Ich muß sie verneinen. Vorläufig ist die Arbeitsgesellschaft fast einzig in humanitäter Absicht gegründet worden, und wenn die erzielten Resultate meistentheils kein entschiedenes Fiasco, sondern mäßige Erfolge aufzuweisen haben, so sind dieselben in hervorragendem Maße auf Rechnung der Humanität zu stellen, die bei ihrer Gründung und Leitung die Hauptrolle gespielt hat. Soll aber diese Institution aus dem Rahmen der Wohlthätigkeitsanstalt hinaus auf den Markt des Lebens unter die rechnenden, unter die unlauteren Unternehmer treten, so wird das Bild ein ganz anderes werden. Selbst der glänzendste Erfolg der bestehenden Gesellschaften spräche nicht für ihren allgemeinen Werth. Hundert durch Geschenke zu reichen Männern gemachte Arbeiter beweisen noch nicht die allgemeine glänzende Lage ihres Standes!

Es fragt sich jetzt, wenn der Betheiligung der Arbeiter am Unternehmergewinn nicht die gehofften Erfolge beizumessen sind, auf welche andere Weise der so sehnlich gewünschte Frieden herzustellen sei; ob es in der Hand des Unternehmers liegt, denselben, ohne sich wirthschaftlich zu gefährden, zu verwirklichen. Das wesentlichste practische Mittel wird immer eine Aufbesserung der materiellen Lage der Arbeiter bleiben, und zwar hält man mit Vorliebe die Heranziehung derselben an die Person und das Unternehmen des Arbeitgebers für zweckentsprechend. Allerdings sehe ich in der Erreichung dieses gleichzeitig ethischen wie materiellen Zieles die Lösung der socialen Frage und halte die Verwirklichung desselben für die Aufgabe aller Unternehmer.

Sie sind die Pionniere, welche die geeignetsten Weisen der Lohnzahlung herauszufinden und practisch auszuführen haben. Die Wirthschaftsgeschichte zeigt, wie sie diesen Beruf erfüllt haben. Vom Naturallohn ist man zum Geldlohn, vom Tagelohn zum Accordlohn, vom individuellen Accord zum Gruppen-Accord fortgeschritten und bestrebt sich, weitere Methoden aufzufinden, welche den schroff zu Tage getretenen Mißständen Abhülfe schaffen sollen.

Man kann hierbei von zwei Anschauungen ausgehn: Entweder man betrachtet den Arbeiter als Glied des Ganzen, dem er seine Thätigkeit widmet, identificirt seine Erfolge mit denen des Unternehmens und läßt seine Lage mit der dieses fortschreiten; es ist dies die socialistische Anschauung; — oder man betrachtet die Leistungen des Arbeiters als Einzelleistungen, deren Werth in der eingesetzten Thätigkeit beruht und sich mit Erhöhung derselben vergrößert; es ist dies der individualistische Standpunkt. Ersterer gipfelt sich in der Forderung nach der vertragsmäßigen directen Betheiligung der Arbeiter am Unternehmer-Gewinn, die ich als ungeeignet darstellen mußte, während die indirecte Betheiligung an demselben jetzt zu erörtern ist.

Dieselbe besteht in der Vertheilung von Gratificationen, welche nach Feststellung der Inventur den Arbeitern verabreicht werden. Dergleichen Gratificationen sind in manchen Geschäften üblich, woselbst sie nach guten Abschlüssen nach freier Entschließung des Unternehmers zur Vertheilung kommen. Ich kann mich nicht für die Zweckmäßigkeit derselben erklären, indem ein großer Theil der gegen die Arbeitsgesellschaft angeführten Gründe auch hier maßgebend ist. Sie tragen noch viel mehr, als der contractlich zugesicherte Gewinnantheil, den Character von Geschenken, die unverdient erworben, und ohne Verschulden des Arbeiters verweigert werden und dienen nicht dazu, die materielle Lage der Arbeiter zu verbessern. Bilden sie ein Moment der Calculation in den Ausgabebudgets der Arbeiter, so wird ihr Ausbleiben in Folge eines ungünstigen Jahres ein Deficit erzeugen, das schwer zu decken ist, — werden sie nicht bei den Ausgaben mit in Rechnung gezogen, so werden sie in den seltensten Fällen wohl angelegt, sondern wie ein Gewinn leichtsinnig vergeudet werden. Auch in moralischer Beziehung kann ihr Werth kein größerer sein. Ihre Vertheilung wird in den meisten Fällen als ein schuldiges Aequivalent für die geleisteten Dienste angesehen, ihr Ausbleiben mit Recht als eine ungerechte Handlung betrachtet werden, da die Arbeiter für die entstandenen Verluste nicht verantwortlich waren. Böhmert („Arbeiterverhältnisse und Fabrikeinrichtungen der Schweiz", „der Socialismus und die Arbeiterfrage" und im Arbeiterfreund XI. 1, 2, 6. XII. 1.) hat eine reiche Fülle des instructivsten Materials beigebracht, welches in dieser Richtung in der Praxis gemachten Versuche behandelt. Aus denselben geht hervor, daß Gratificationen in der angedeuteten Weise keine geeignete Gewinnbetheiligung der Arbeiter bilden. Man hat dieselbe in den meisten Fällen verlassen, und vorgezogen, den Lohn der Arbeiter in einer den Gratificationen entsprechenden Weise zu erhöhen. Eine höhere Berechtigung haben diese Gratificationen, wenn dieselben für die gemeinsamen Interessen der Arbeiter verwendet werden. Was die Gemeinschaft hat erwerben helfen, soll

auch die Gemeinschaft genießen. Der Gründung und Dotirung von Alter=
Versorgungskassen, Hilfskassen, Wittwen= und Waisenkassen für die Arbeiter
der Fabrik sollte ein Theil des Gewinns günstiger Jahre zufließen. Das
ist ein Zweck, dem ich einen weit höheren Einfluß zuschreibe, als der Ver=
theilung von Geschenken an die Arbeiter.

Betrachten wir jetzt die Lohnverbesserung vom individualistischen Stand=
punkte, d. h. nach der Einzelleistung der Arbeiter, so geschieht dieselbe in
passender Weise durch Vertheilung von Prämien, welche entweder für be=
sondere Güte der gelieferten Arbeiten, oder für besonderen Fleiß gezahlt
werden. Diese Einrichtungen, welche vielfach in Anwendung sind, pflegen in
der Regel von günstigen Erfolgen begleitet zu sein; sie erscheinen mir ganz
besonders am Platze. Sie sind vielleicht im Stande, den immer lauter
werdenden Klagen der Arbeitgeber wegen der mehr und mehr um sich greifen=
den Verschlechterung und Verringerung der Arbeitsleistungen Abhülfe zu be=
reiten. Es ist eine leider kaum mehr zu leugnende Thatsache, daß in vielen
Gewerben die Leistungsfähigkeit, was die Qualität und die Leistungswillig=
keit, was die Quantität anlangt, in Abnahme begriffen ist. Dies Sinken
des Arbeits=Niveau's kann von schwerem Einflusse auf die gewerbliche Thätig=
keit eines Landes sein. Ihm entgegenzusteuern, muß die Aufgabe jedes Ein=
sichtigen sein. Ich halte ein rationelles und ausgebildetes Prämiensystem für
den geeigneten Weg, die Thätigkeit des Arbeiters zur Verbesserung seiner
öconomischen Lage anzuspornen und dadurch, daß ihm Gelegenheit geboten
wird, durch eigene Kraft ohne Dazwischentreten von außer seiner Sphäre
liegenden Verhältnissen sein Einkommen zu erhöhen, ihn gleichzeitig moralisch
zu heben. —

In der Praxis sind mancherlei Versuche mit der Einführung der Ge=
winnbetheiligung der Arbeiter gemacht worden, deren bedeutendste in Nach=
folgendem aufgeführt werden sollen. Dieselben beziehen sich sowohl auf die
directe Betheiligung am Gewinn und Eigenthum von Fabriken, wie
auf die Vertheilung von Gratificationen und Prämien. In Eng=
land, Frankreich und Deutschland sind derartige Bestrebungen zur
Ausführung gekommen und sind geeignet als Prüfstein für die practische
Anwendbarkeit der theoretischen Grundsätze zu dienen. Eine Kritik er=
scheint um so nothwendiger, als die Früchte dieser Versuchsfelder, welche
zum Theil von den Vätern dieser Ideen aus reinster Humanität geschaffen
wurden, leicht aus elterlicher Vorliebe mit besonderem Glanze ausgestattet
werden. — Das hervorragendste Beispiel einer industrial partnership
bildet das Geschäft von Henry Briggs Son & Comp., Eigenthümer der
Kohlengruben Whitwood, Haigh=Moor und Methley bei Normanton in
Yorkshire. Ihre Gründungsgeschichte ist nicht uninteressant. Wir hören,
daß in diesen Kohlengruben das Verhältniß der Arbeitgeber zu den Arbeitern
das denkbar schlechteste war. Strikes schlossen sich an Strikes, die Arbeiten
wurden vernachlässigt, den Besitzern in zahlreichen Briefen mit Kugel und

Messer gedroht. Dagegen erklärte Herr Briggs öffentlich (Transactions of the national association for the promotion of social science, Manchester meeting 1866 p. 703), daß seine Firma die Arbeiter stets auf das liberalste behandelt habe und mit Eifer für ihr Wohlergehen bestrebt war. Die sich stets mehrenden Unannehmlichkeiten und Verluste veranlaßten endlich die Herren Briggs im Jahre 1865 ihr Geschäft einer Actiengesellschaft zu übertragen. Von den ausgegebenen Actien behielten sie zwei Drittel in der Hand und boten das letzte Drittel dem Publikum an, indem sie besonders ihre Beamten und Arbeiter aufforderten, sich an der Zeichnung zu betheiligen. Es wurde bestimmt, daß, sobald der sich herausstellende Nutzen 10 Procent des eingelegten Capitals übersteigen würde, alle Geschäftsführer, Agenten und Arbeiter des Etablissements die Hälfte des Gewinnüberschusses als Bonus erhalten sollten und zwar, daß derselbe im Verhältniß ihrer respectiven Löhne während des abgelaufenen Jahres zur Vertheilung gelange. Die andere Hälfte sollte die Dividende des Capitals erhöhn.

Nach mancherlei Schwierigkeiten und nachdem das Mißtrauen der Arbeiter gebrochen war, hat das so gegründete Unternehmen günstige Erfolge gehabt; die Dividenden betrugen 1866—14 Proc., 1868—17 Proc. und sollen sich in den letzten Jahren gleich gut gestaltet haben Das Verhältniß zwischen Arbeitgebern und -Nehmern wird als ein vollkommen zufriedenstellendes geschildert. Wie viel Actien in Besitz von Arbeitern gelangt sind, ist nicht ersichtlich. — Dies Resultat wäre als ein sehr ermuthigendes zu betrachten, wenn nicht mannigfache Bedenken zu erwägen wären. Zunächst ist der Kohlenbau vielleicht das günstigste Gewerbe, bei dem sich die Industrial partnership mit Nutzen einführen läßt. Die Arbeitskosten nehmen den bei weitem größten Theil der gesammten Productionskosten ein, die Arbeit selbst ist einzig dem guten Willen der Einzelnen überlassen, welche durch Förderung besonders großer Kohlenstücke, durch möglichste Vermeidung von Abfall den Werth des Productes nicht unwesentlich erhöhen können; die Thätigkeit des Unternehmers ist eine äußerst untergeordnete, der Absatz der Producte ist vorgeschrieben, auf eine gewisse räumliche Nähe beschränkt; kurz wir haben hier alle Momente vereinigt, welche eine günstige Wirkung der industrial partnership versprechen lassen. Dennoch darf nicht außer Acht gelassen werden, daß auch in dieser Branche die früher erwähnten Mißstände zu Tage treten können und wohl nicht ausbleiben werden, sobald die günstige Conjunctur in eine ungünstige umschlägt. Die Dividende wird schmäler trotz derselben Anstrengung und Aufmerksamkeit, wie früher, Entlassungen werden von den Arbeitern schwerer als in gewöhnlichen Fällen gefühlt werden, weil sie gewohnt waren, sich gewissermaßen als Miteigenthümer des Unternehmens zu betrachten und nun gleichsam aus ihrem eignen Besitze verdrängt werden; die Inhaber von Actien finden sich im Besitze ertragloser Papiere. — Die Institution der Herren Briggs hat trotz ihres Prosperirens unter den zahlreichen Besitzern gleicher Werke in ihrer Nachbarschaft und anderen Gegenden keine Nachahmer gefunden.

Diese Erscheinung ist nicht unwesentlich; denn ich kann nicht glauben, daß diese Besitzer inhumanere Unternehmer sind. Im Gegentheil, die Entstehung der Briggs'schen Einrichtung zeigt die ärgsten Differenzen zwischen Arbeitgebern und Arbeitern, für welche ich nicht einzig diesen die Schuld beimessen kann. Wir haben vielmehr vielleicht das Ergreifen des letzten Rettungsseils vor uns, ohne welches keine Erhaltung des Unternehmens möglich war; eine Illustration, wie unrichtig die Anschauung von dem Arbeiter ist, der das blinde Werkzeug des Unternehmers bildet! Hat der Unternehmer aber seine Pflicht gethan, und liegt die Schuld des Zwistes in den ungerechtfertigten Ansprüchen der Arbeiter, so dürfte Manchem das „si fractus illabatur orbis, impavidum ferient, ruinae" als berechtigte Devise vorschweben! —

Ein anderes älteres Beispiel eines auf Theilnahme der Arbeiter am Gewinn basirten Unternehmens bildet das Geschäft der Stubenmaler Leclaire, Defournaux & Comp. in Paris. Dasselbe wurde schon im Jahre 1842 gegründet; Betheiligung am Eigenthum findet jedoch nicht statt. Von dem sich nach Verzinsung des Capitals und Abschreibung von je 6000 Francs Salair für die Unternehmer herausstellenden Netto-Nutzen empfangen dieselben 25 Procent, während 75 Procent den angestellten Arbeitern zufallen. Hiervon werden 50 Procent nach Maßgabe ihres Lohnes unter sie vertheilt, während 25 Procent einer Pensionskasse zugeführt werden. Die Zahl der Arbeiter betrug 90 im Jahre 1869. Die Pensionskasse hatte einen Fond von 200,000 Francs, welcher im Geschäfte mitarbeitet. Das Unternehmen ist bedeutend, sein Umsatz belief sich auf 1 bis 1 1/2 Millionen Francs, seine dauernde Prosperität wird versichert. Auch dieser Fall erweist sich als ein günstiges Resultat der Arbeitsgesellschaft. Aber auch hier ist ein besonders geeignetes Feld dafür vorhanden. Die Zahl der Arbeiter ist gering; es sind auf einer höheren Bildungsstufe stehende Männer, deren geforderte künstlerische Begabung sie dem Gros der Arbeiter entrückt, es ist ein den Conjuncturen wenig ausgesetztes Geschäft, der Werth der Arbeit wiederum der hauptsächlichste Theil des Erzeugnisses. Doch muß auch hier an die Kehrseite der Medaille erinnert werden. Im Falle von Verlusten, welche einen im Jahre 1869 auf 100,000 Francs angewachsenen Reservefond übersteigen, werden dieselben aus der im Geschäfte angelegten Pensionskasse von 200,000 Francs bestritten! Die Aussicht auf eine solche Eventualität wird die ernsten Bedenken erzeugen.

Die vielfach in dieselbe Kategorie gebrachte Teppichfabrik von John Croßley & Sons in Halifax zeigt nur eine Betheiligung der Arbeiter am Eigenthum der Fabrik und eine Betheiligung am Gewinn nach der Höhe dieser Einlage. Diese Fabrik, eines der bedeutendsten in der Teppich-Branche überhaupt bestehenden Etablissements, wurde im Jahre 1864 in eine Actiengesellschaft umgewandelt (Capital 1,650,000 Pfund Sterling in Actien zu 15 Pfund) und im Prospect der Wunsch ausgedrückt, daß bei Vertheilung der Actien die Anträge der bei der Fabrik beschäftigten Arbeiter in vorzüglichster Weise berücksichtigt werden sollten, da die Eigenthümer überzeugt seien, daß die Mitbetheiligung der Arbeitnehmer wesentlich zur Stärkung und zum guten Betriebe des Geschäfts beitragen würde. Während die früheren Eigenthümer der Fabrik vier Fünftel des Actiencapitals selbst behielten, soll sich der übrige Theil auf 1100 Actionäre vertheilen. Wie viele derselben Arbeiter und Angestellte der Fabrik sind, ist nicht ersichtlich. Die Gesellschaft prosperirt, die Actien stehn ansehnlich über pari und es sind Dividenden von 15 Procent vertheilt worden.

Ich muß jedoch auf das Entschiedenste bestreiten, daß diese günstigen Resultate der Betheiligung der Arbeiter am Eigenthum der Fabrik zuzuschreiben sind und grade die Heranziehung dieses Beispiels für die Erfolge der Industrial partnership als eines der gefährlichsten bezeichnen.

Zunächst zählt die Fabrik circa 5000 Arbeiter, von denen (da sich 22000 Actien auf 1100 Personen vertheilen, also auf die Person 110 Actien à 15 Pfund kommen) nur ein ganz unbedeutendes Bruchtheil Actionäre der Fabrik sein werden, welches ein bestimmender Einfluß auf die große Mehrzahl nicht ausüben kann. Aber selbst angenommen eine größere Zahl der Arbeiter sind Actionäre, so wird jeder nur irgend Geschäftskundige zugeben müssen, daß auch alsdann kein wirksamer Einfluß auf den Gang des Unternehmens von ihnen geübt werden kann. Ein so vielseitiges weitverzweigtes Geschäft, bei welchem Alles vom günstigen Einkauf des Rohmaterials, der Kenntniß der Märkte, der Geschmacksrichtung und unzähligen andern Dingen, die dem Arbeiter vollkommen abgehn, abhängt, ist das denkbar ungeeignetste Gebiet für eine industrial partnership. Seine Erfolge dieser Einrichtung zuzuschreiben, ist eine vollständige Verkennung der Verhältnisse; hieraus Anregung zur Nachahmung für andere Gebiete der Textil-Industrie schöpfen zu wollen, wäre gänzlich unstatthaft. Die Prosperität der Croßley'schen Fabriken beruht einzig auf der günstigen Lage der Branche überhaupt, auf dem Rufe des Weltgeschäfts, den er bereits früher gehabt hat, der seinen Waaren auf allen Märkten guten Klang verschafft und den es sich durch tüchtige Leitung auch weiter bewahrt hat. Ist also hier der Nutzen, den die Betheiligung der Arbeiter am Eigenthum der Fabrik herbeigeführt hat, ein mehr als problematischer, so kann der Schaden, der dem Arbeiter daraus erwächst, leicht ein um so verhängnißvoller werden, da Geschäfte, wie das besprochene wegen der schwankenden Erfolge zu den riskantesten Actienunternehmungen gehören, an denen sich die Arbeiter unter keinen Umständen betheiligen sollten. Wenn bei der Croßley-Gesellschaft in der nicht langen Zeit ihres Bestehens noch alles gut gegangen ist, so liegt der Grund in der hervorragenden Stellung des Etablissements. Was die Zukunft derselben anbetrifft, so kann ich mit Thornton nur die Ansicht aussprechen, daß die Betheiligung der Arbeiter am Actiencapital nur eine vorübergehende, mehr und mehr abnehmende sein wird. Wenn das Geschlecht der jetzigen Arbeiter-Actionäre ausgestorben ist, wird es nur einem kleinen Theile der Nachkommen möglich sein, die Actien zu conserviren; sie werden die Erbschaft theilen müssen, und falls sie nicht gleichfalls im Geschäfte thätig sind, gar kein Interesse haben, Actionäre zu bleiben. Die Croßley-Gesellschaft wird eine Actiengesellschaft werden, wie alle übrigen. —

Unser würdiger Wilhelm Borchert jun. hat im Jahre 1868 sein Messingwerk in eine Arbeitsgesellschaft umgewandelt, indem er seinen Angestellten und Arbeitern gestattete, Antheile daran zu erwerben und dieselben sowohl nach Maßgabe ihrer Einlage, wie der geleisteten Arbeit an dem Productionsgewinn participiren ließ. Derselbe entsteht, nachdem 5 Procent Leihgebühr, 6 Procent Risikoprämie für das Capital, sowie 3000 Thaler Gehalt an den Besitzer gedeckt worden sind. Die auf die Arbeit entfallende Quote wird Bonus genannt, der dem Capital zukommende Antheil Dividende; beide sind gleichwerthig. An dem Bonus haben die festen Zeitlöhne höheren Antheil als die Accord= und Stücklöhne. Diese Einrichtung hat sich 5 Jahre bis Ende 1872 bewährt. Daß eine vergrößerte Leistungsfähigkeit des Etablissements stattgefunden hat, ist zwar nicht behauptet worden; der edle Sinn des Besitzers hat seine kleine Zahl von Arbeitern (circa 70) an dem Gewinn des Geschäfts participiren lassen und war in der Lage, ihnen einen jährlichen Bonus auszuzahlen zu können; die Einlagen der Beamten und Arbeiter waren am Schlusse des Jahres 1871 auf 31,325 Thaler herangewachsen, es participirten daran 4 Beamte und 39 Arbeiter, also ungefähr die Hälfte derselben. Der weitere Erfolg dieses Unternehmens, welches durch die geringe Zahl der Beschäftigten einen Theil der Mißstände der Arbeitsgesellschaft vermeidet und durch die Humanität des Besitzers gute Garantien bot, wurde durch die im Jahre 1873 eingetretene Umwandlung desselben in eine Actiengesellschaft unterbrochen. Mit derselben ist die Betheiligung der Arbeiter am Productionsgewinne gefallen und denselben nur eine Capitalbetheiligung unter einigen Modificationen, die durch die Umwandlung in die Actiengesellschaft hervorgerufen worden, gestattet. Der socialistische Bonus hat also aufgehört, und die individualistische Fleißprämie ist eingeführt worden. Borchert sagt in seinem von Engel verfaßten Schreiben an die Arbeiter („Eine Partnerschaft als Actienunternehmen" Arbeiterfreund X. Pag. 335 sq.) Folgendes: „Es soll zu dem Normallohn eine Productionstantième hinzutreten und zwar, indem eine gewisse Normalleistung angenommen wird in progressivem Verhältnisse zu der dieselbe überschreitenden wirklichen Leistung. Diese Productionstantième ersetzt den Bonus, der ja nur die Frucht des Fleißes ist (sein sollte!!); sie wird monatlich von dem Geschäft festgestellt und ausbezahlt.

„Zwei Erfahrungen sind es vorzugsweise, die mich zu dieser Verwandlung des Bonus in eine Productionstantième gedrängt haben.

„Die eine Erfahrung, die ich gemacht, ist die, daß ein großer Theil, namentlich der nur kürzere Zeit im Geschäfte verbleibenden Arbeiter die Bonusvertheilung als etwas in so ferner Zukunft Liegendes und Unbestimmtes betrachtet, daß sie ihm kein hinlänglicher Antrieb zur Entfaltung eines Maximums von Fleiß und Sorgfalt während eines ganzen Jahres ist. Weil ihm die kleine Wochen= oder Monats-Lohnzulage wie der Sperling in der Hand, die größere, am Jahresschluß auf einmal zu Theil werdende Summe des Bonus aber wie die Taube auf dem Dache erscheint, so zieht er in der Regel eine Monatszulage vor und macht davon sein Gehen oder Bleiben in der Fabrik abhängig.

„Die andere Erfahrung ist, daß wenn der Bonus, seiner ursprünglichen Bestimmung nach, aus dem Productionsgewinn gezahlt wird, mithin fortfällt, wenn kein solcher vorhanden ist, die Extrabelohnung der Arbeit an Umstände geknüpft ist, auf welche sie keinen Einfluß hat. Es ist sicherlich nicht der Fehler der Arbeit, wenigstens nicht der technischen, wenn Kupfer, Zink und Kohlen zu theuer eingekauft, die fertigen Waaren zu wohlfeil verkauft und in solchen Fällen Ueberschüsse oder Gewinne nicht erzielt werden. Obschon jeder der nicht beim Ein= und Verkauf betheiligten Beamten und Arbeiter seine Schuldigkeit im vollsten Maße gethan haben kann, so würde er doch wegen des mangelnden Productionsgewinns (wovon auf den Bonus die Hälfte entfällt) leer ausgehen müssen. Diese Ungerechtigkeit findet nicht statt, sobald die Arbeit unabhängig von jenen Chancen gestellt ist und ihre Früchte lediglich nach ihren Leistungen bemessen werden." —

Diese Ansichten sind vollkommen berechtigt und entsprechen dem oben von mir Dargelegten. Es bleibt also die Borchert'sche Unternehmung einzig eine Actiengesellschaft, in die die Arbeiter zu Mitbetheiligten gemacht werden sollen. Zur Sicherung ihrer Einlagen, sowie zur Auszahlung von Alters= zulagen und Pensionen stiftete Borchert einen Fonds von 50,000 Thalern, welcher allerdings in dem vorliegenden Falle seiner Aufgabe, wenigstens was die Sicherstellung des eingelegten Capitals der Arbeiter anbetrifft, das wohl schwerlich über das Vermögen der Stiftung hinausgehen wird, genügen wird, der aber leicht in seiner Bestimmung, den Arbeitern ein sorgenfreies Alter zu gewährleisten, beeinträchtigt werden kann. Wie dem auch sei, die groß= herzige Borchert'sche Handlungsweise dürfte schwerlich allgemeine Nachahmung finden und ich kann das Riskante einer Betheiligung der Arbeiter an in= dustriellen Actienunternehmungen nur auf's Neue wiederholen. Dieselbe wird um so gefährlicher, je mehr durch die Erfahrungen der letzten Jahre ge= witzigt, das große Capital sich von diesen Gesellschaften zurückzieht, und es Bedürfniß wird, sich das Interesse der kleinen Leute zu sichern. Die Heran= ziehung der Arbeiter kann leicht eine neue Leimruthe werden, um schlechten Unternehmungen Capital und Interesse zuzuwenden.

Greening u. Comp. in Salfold (England), Fabrikanten von eisernen und Drahtgittern, hatten ihren Arbeitern zugesichert, sobald ihr Reingewinn mehr als 15 Procent beträgt, den Rest mit ihnen zu theilen. Diese Ein= richtung besteht seit 1865; ihre Erfolge sind nicht glücklich gewesen. Im ersten Jahre wurde allerdings eine Gratification in Gestalt eines Zuschlags von 5 Procent auf die Löhne ausgezahlt, allein seit dem scheint kein Ueber= schuß erzielt worden zu sein; ja es heißt, die Fabrik habe theilweise mit Ver= lust gearbeitet.

Fox, Head u. Comp. in Middlesborough (England), Fabrikanten von Eisenplatten und ähnlichen, hatten ihren Arbeitern gestattet, in ihrem Ge= schäfte ihre Ersparnisse anzulegen, die ihnen mit 5 Procent verzinst werden, und für die sie außerdem, sobald der Reingewinn 10 Procent übersteigt, einen verhältnißmäßigen Antheil am Ueberschuß haben sollten. Arbeitet das Geschäft mit Verlust, oder bleibt der Gewinn unter 5 Procent, so wird der Verlust oder die Differenz von dem Ueberschusse künftiger Jahre abgezogen und nur an dem, was dann noch übrig bleibt, participiren die Arbeiter. Nach den neuesten Nachrichten hat die Firma noch keine Darlehen von den Arbeitern erhalten und ist unter diese noch keine Gratification zur Vertheilung gekommen.

Dies letztere gilt auch für die nach ähnlichen Principien arbeitende Sabden= Mills= Cotton= Company.

Weit entfernt, diese Mißerfolge dem Principe der Industrial partnership beimessen zu wollen, betrachte ich dieselben vielmehr als in ungünstigen Conjuncturen, schlechten Geschäftslagen und ähnlichem liegend, wie sie in jedem industriellen Unternehmen vorkommen, in der einen Branche häufiger, in der andern seltener, durch welche die Arbeiter nicht in Mitleidenschaft gezogen werden dürfen.

Zur Vervollständigung führe ich noch die nachstehenden Etablissements an, in denen nach ähnlichen Principien gearbeitet wird.

Die Druckerei von Paul Dupont in Paris betheiligt seit 1848 die Arbeiter, welche länger als 2 Jahre bei ihnen thätig sind, mit 10 Procent am Nettogewinn. Sie beschäftigt ungefähr 300 Personen, im Jahre 1863, welches den höchsten Nutzen brachte, kamen 35 Francs auf die Person, also ein sehr geringfügiger Betrag.

E. Voiron und M. Lenoir, Stubenmaler in Paris haben seit 1870 ihre Arbeiter mit 25 Procent am Nettogewinn betheiligt. Erfahrungen liegen nicht vor.

Die Schriftgießerei von Laurent und Deberny in Paris, betheiligt ihre Arbeiter seit 1848 am Reingewinn und zwar sowohl nach Arbeitstagen, wie nach Arbeitsleistungen. Sie beschäftigt circa 150 Arbeiter. In der Pianofabrik von M. A. Bord wird der Nutzen nach Verzinsung des Capitals mit 10 Procent zu gleichen Theilen zwischen der Arbeit und dem Capital, nach Maßgabe des Verhältnisses der gezahlten Löhne zu diesem vertheilt.

Die Betheiligung der Arbeiter am Gewinn findet in mehreren Fabriken im Elsaß statt. Zu erwähnen sind: die Fabrik chemischer Producte von Carl Kestner in Thann und Mühlhausen und die Spinnerei von Steinheil und Dieterlen; auch in der Schweiz sind mannichfache Versuche dieser Art gemacht worden.

Wenn auch manche derselben für das System zu sprechen scheinen, so kann ich ihnen doch bei der Kürze des Bestehens und bei den oft eigenthümlichen speciellen Verhältnissen keine größere Bedeutung zusprechen und meine Anschauungen durch dieselben nicht für widerlegt halten.

―――――

So erscheint mir die sociale Frage auf dem Wege der Betheiligung der Arbeiten am Unternehmer=Gewinn nicht zu lösen. Kämpfe, wie die gegenwärtigen, sind zu allen Epochen gewesen; sie sind stets in besonderer Schärfe aufgetreten, sobald der freiheitliche Geist der Zeit durch Forträumung von Schranken, welche der Entfaltung der Arbeit entgegenstanden, dem Arbeiter=

stande höhere Ziele gezeigt hat. Dann übte er seine Kräfte, das theoretisch Gegebene practisch zu verwirklichen und vergaß häufig Maß und Ziel. Wenn die augenblicklichen Verhältnisse schärfer sind als je, so liegt es daran, daß dem Arbeiter erst jetzt volle wirthschaftliche und politische Freiheit gegeben worden ist. Diese vollständige sociale Gleichstellung läßt ihn die materielle Ungleichheit als etwas Ungerechtes betrachten, welches er auszugleichen sich bestrebt. Aber sein Bestreben ist auf ein falsches Ziel gerichtet; er will nivelliren durch Abtragen, nicht durch Aufbauen. Er will die Productionsgewinne verringern, während sein einzig berechtigtes Streben sein sollte, die Productionskosten zu erhöhen durch Erhöhung der Vergütigung für den in denselben steckenden Antheil der Arbeit. Eine solche Vergrößerung der Productionskosten wird, wenn die Unternehmung, das ist die Quelle der Arbeit, nicht leiden soll, eine Erhöhung der Preise der Producte zur Folge haben, die zum Theile vom Arbeiter wieder theurer gekauft werden müssen. Dem mehr Empfangen der Arbeiter wird also auch ein mehr Geben derselben gegenüber stehn. Da aber andererseits durch die Erfindungen der Technik, durch die immer inniger werdenden Handelsbeziehungen auf der Erde nicht nur ein großer Theil der Industrieproducte, sondern auch viele Naturerzeugnisse die Tendenz haben, wohlfeiler zu werden, wird eine Erhöhung des Standard of life der arbeitenden Klassen vor sich gehn. Eine solche Erhöhung ihrer materiellen und geistigen Lebensansprüche ist das beste Mittel, die herrschenden Klassengegensätze zu verwischen, die Einsicht zu verbreiten, daß die Unternehmer sich nicht vom ungenügend gelohnten Fleiße der Arbeiter mästen, sondern daß auch hier eine Interessenharmonie herrscht, die zum Heile der wirthschaftlichen und geistigen Gemeinschaft durch gegenseitiges Entgegenkommen gehalten und gefördert werden muß.

Ueber die Frage von der Gewinnbetheiligung der Arbeiter.

Gutachten

von

J. Neumann in Posegnick.

Bezüglich des Themas von der Gewinnbetheiligung der Arbeiter erlaube ich mir auf die vom Geheimrath Dr. Engel formulirten Fragen meine Erfahrungen wie folgt mitzutheilen.

Zu 1. Bei der Landwirthschaft ist, so weit mir bekannt, bisher nur die Gewinnbetheiligung und auch diese nur in sehr einzelnen Fällen (v. Thünen, Schuhmacher) versucht worden. Die Eigenthumsbetheiligung würde in ihrer Ausführung jedenfalls noch erheblich größere Schwierigkeiten als die Gewinnbetheiligung darbieten, und wenn sie auch nicht als ganz unausführbar zu bezeichnen, so dürfte doch die Erörterung dieser Frage vorläufig keinen praktischen Werth haben.

Zu 2. Die Veranlassung zur Einführung der Gewinnbetheiligung in den Wirthschaften des Gutachters war die Ueberzeugung, daß zur sittlichen und intellectuellen Hebung des Arbeiterstandes kein geeigneteres Mittel aufzufinden sei; daß demselben durch eine Mitbetheiligung am Gewinn die möglichst stärkste Anregung zu Theil werde, über schnellere und bessere Arbeitsleistung nachzudenken, unvollkommenes veraltetes Handwerkszeug durch besseres zu ersetzen und die dazu etwa nöthigen Handgriffe sich schnell anzueignen; wo herrschaftliches Handwerkszeug, Maschinen, Zugvieh ꝛc. seiner Obhut anvertraut ist, damit sorgsamer als bisher umzugehen. Den Arbeitern wird die Gemeinsamkeit ihrer Interessen sowohl untereinander als mit denen des Arbeitgebers mehr zum Bewußtsein gebracht.

Der Gutachter pachtete im Jahre 1851 die Assauner Güter im Kreise Gerdauen aus den vier Vorwerken Heiligenstein, Henriettenfeld, Ernsthof und Louisenwerth bestehend und gewährte vom dritten Jahre der Pacht ab seinen auf den Vorwerken wohnenden Arbeitern einen Gewinnantheil in der Weise, daß er den Mehrerdrusch des Getreidebaues über den Durchschnitt der drei ersten Jahre zu Gelde rechnete und hievon 10 Prozent als Tantième vertheilte.

Da jedoch bei steigender Kultur einer Landwirthschaft die Erträge aus der Viehhaltung stetiger und bestimmter steigen als die aus dem Getreidebau, so wurde schon nach einigen Jahren dieser Modus aufgegeben und den Arbeitern ein Antheil und zwar 5 Prozent vom Gesammt-Reinertrage (nach Abzug der Pacht) gewährt. Die Pacht endete 1866 und hatte die Tantième in der ganzen Zeit zwischen 7 und 14 Thlr. pro Jahr für die einzelne betheiligte Person geschwankt[1]). Das mit zur Pacht gehörige Vorwerk Louisenwerth wurde bei Schluß derselben von mir durch Kauf erworben, und da der Kaufpreis nicht im Verhältniß zur bisher gezahlten Pachtsumme stand, sondern dieser gegenüber ein erheblich höherer war, wurde dem entsprechend auch die Tantième von 5 auf 8 Prozent erhöht.

Das Gut Posegnick kaufte ich im Herbst 1855. Von 1858 ab wurde eine Tantième, zunächst 6 Prozent, von 1866 ab 8 Prozent vom Reinertrage gezahlt. Die Tantième wird auch hier in der Weise ermittelt, daß von der gesammten Geldeinnahme sämmtliche Ausgaben, 4 Prozent von dem Kaufbetrage und 5 Procent von der Summe, die für Bauten, neue Wirthschaftseinrichtungen und Verbesserungen im Interesse der Wirthschaft derartig verwendet sind, daß der Besitzer die Ueberzeugung hat, der Gutswerth sei dieser Summe entsprechend vermehrt, in Abzug gebracht werden. Die Tantième wird in der Art vertheilt, daß soviel gleich große Portionen als von den Gutstagelöhnern Personen regelmäßig auf Arbeit gekommen, gemacht werden und auf je einen Arbeiter oder Arbeiterin eine Portion vertheilt wird. Der Kämmerer (Aufseher) erhält eine doppelte Portion. Ebenso empfiehlt es sich, den Säeleuten $1/4$ bis $1/2$ Portion mehr zu geben. Die Hirten nehmen an dieser Tantième nicht Theil, sie erhalten pro Stück Vieh, das ihrer Obhut anvertraut, pro Jahr 5 Sgr., verlieren aber von dieser Gratification für jedes krepirte Thier 1 Thlr., für jedes krank geschlachtete 15 Sgr. Die Schäfer sind ähnlich gestellt. Bei einem aus Waldland gebildeten Vorwerk (Bettyhof) findet die Tantième-Berechnung derartig statt, daß zu den Wirthschaftsausgaben nur für jeden Morgen Ackerland, der schon mindestens die zweite Saat trägt, 1 Thlr. hinzugerechnet wird und werden von dem Ueberschuß gleichfalls 8 Prozent als Tantième vertheilt.

Für die letzten 6 Jahre stellen sich der Reinertrag und die zur Vertheilung gekommene Tantième folgendermaßen:

---

[1]) Selbstverständlich war die Tantième, wie es auch jetzt der Fall ist, eine Zulage zu dem ortsüblichen Lohn, der deshalb in keiner Weise verringert wurde.

		Reinertrag. Thlr.	Tantième à 8 Proc. Thlr.	Zahl der Portionen.	Betrag der einzelnen Portionen. Thlr.
1867/68	Posegnick	—	—	—	—
	Bettyhof	—	—	—	—
	Louisenwerth	658	52²/₃	18½	3
1868/69	Posegnick	2890	246	42	6
	Bettyhof	446	36	9	4
	Louisenwerth	—	—	—	—
1869/70	Posegnick	2000	160	36	4½
	Bettyhof	213	18	9	2
	Louisenwerth	1000	80	20	4
1870/71	Posegnick	3325	266	38	7
	Bettyhof	1056	84½	8	10¹⁷/₃₀
	Louisenwerth	1575	126	21	6
1871/72	Posegnick	5175	414	46	9
	Bettyhof	618	49½	11	4½
	Louisenwerth	2250	180	20	9
1872/73	Posegnick	6031	482	40	12
	Bettyhof	1867	149	11	13
	Louisenwerth	4217	321	20	16

Das Jahr 1867/68 war das für Ostpreußen so verhängnißvolle Nothstandsjahr und blieb auch in seinen Nachwirkungen für die Jahre 1868/69 und 1869/70 noch sehr fühlbar, dem entsprechend war auch die Tantième dieser 3 Jahre die geringfügigste, die seit Einführung derselben zur Vertheilung gekommen ist.

Als Vortheile der Gewinnbetheiligung betrachte ich in erster Linie die schon vorstehend angedeutete sittliche und intellectuelle Einwirkung auf die Arbeiter. Daß dieselbe nur eine wenig in die Augen fallende und sehr allmälige sein kann, namentlich bei einem Arbeiterstande, der noch, wie in Ostpreußen, auf einer sehr niedrigen Bildungsstufe steht, liegt auf der Hand. Ganz ausgeblieben ist sie meiner Ueberzeugung nach auch bei mir nicht. Ein ferner Vortheil, den ich sehr hoch anschlage, ist, daß durch die Tantième ein Mittel gegeben ist, die Empfänger zu regelmäßigen Einzahlungen in die Sparkasse zu nöthigen. Seitdem die Tantième hier auf 8 Prozent erhöht ist, sind die Empfänger verpflichtet, ²/₃ davon in die hiesige Sparkasse zu zahlen und zwar haben sie nur über ¹/₃ und die Zinsen davon freie Verfügung, das andere ¹/₃ und die Zinsen davon verbleibt als sogenannter eiserner Bestand und haben sie erst vom 55. Lebensjahre ab über die Zinsen und vom 60. Lebensjahre ab über das Capital freie Verfügung [1]).

Der günstige Einfluß der Sparkasse auf die arbeitende Bevölkerung ist allgemein bekannt, hier sei nur noch erwähnt, wie ganz besonders für die

---

[1]) Wenn ein Arbeiter vom Gute wegzieht, erhält er den eisernen Bestand erst nach zwei Jahren ausgezahlt. Selbstverständlich wird derselbe ihm aber bis dahin auch verzinst.

ostpreußischen ländlichen Arbeiter die Sparkasse noch einen erhöhten Werth dadurch hat, daß erfahrungsmäßig Ostpreußen in 10 Jahren je eine sehr schlechte und je eine Mißernte zu gewärtigen hat.

In diesen Jahren kommt ein großer Theil der Gutstagelöhner in Folge der schlechten Kartoffel-Ernte und des geringen Drescherverdienstes tief in Schulden und bei sehr vielen fehlt jede Aussicht, je wieder herauszukommen. Wie dieser Zustand aber auf die Freudigkeit zur Arbeit und auf die ganze sittliche Haltung des Arbeiters ungünstig einwirken muß, liegt auf der Hand. Seit Einführung der Tantième und Sparkasse kommen derartige Schulden hier nicht vor.

Ein anderer Vortheil der Gewinnbetheiligung ist die Nöthigung für den Wirthschaftsdirigenten, genaue Rechnungen zu führen und den sorgsam anzufertigenden Jahresabschluß der Rechnungen nicht ohne Noth zu verzögern. Ferner ist der Besitzer genöthigt, sich darüber klar zu werden, wie hoch sich die verschiedenartigen Leistungen der Wirthschaft für ihn und seinen Hausstand, zu Geld berechnet, belaufen (Naturalien für den Hausstand, Unterhalt der Luxuspferde, des Hauses, des Gartens 2c. 2c.). Da, wo der Besitzer zu gleicher Zeit Wirthschaftsdirigent ist, wird von diesem nur das plus über die Leistungen hinaus, die ein angemessen besoldeter Administrator zu beanspruchen hätte, der Wirthschaft zu gut zu rechnen sein. In Posegnick habe ich dieses plus nicht jährlich speciell festgestellt, sondern nach früheren Ermittelungen als eine Durchschnittssumme, jährlich 1200 Thlr., der Wirthschaft darauf zu gut gerechnet. Wenn ich mich, der Formulirung der Frage folgend, nun über die Nachtheile der Tantième aussprechen soll, so geht aus Obigem hervor, daß ich die Nöthigung zur genauen Buchführung 2c. nicht zu den Nachtheilen rechne. Dagegen will ich gern zugeben, daß die Geldopfer, die von Seiten des Arbeitgebers bei der Gewinnbetheiligung gebracht werden, hier vorläufig durch tüchtigere Arbeit und bessere sittliche Führung der Arbeiter nur theilweise vergütet sind. Es kann dies bei dem heutigen Bildungsstande unseres Arbeiters auch nicht überraschen. Ich gebe demnach bereitwillig zu, daß jeder, der nur auf schnelle Erfolge sieht oder sehen muß, vorläufig gut thun wird, von der Einführung der Tantième, wenigstens in der von mir gewählten Form, abzustehen.

Ad 3. habe zu erwähnen, daß ich die Ueberzeugung habe, jede Landwirthschaft gestattet die Gewinnbetheiligung. Da wo die Landwirthschaft mit andern Gewerben verbunden ist, wird es so wie so dringend geboten sein, zwischen der Landwirthschaft und den betreffenden anderen Gewerbebetrieben genaue Abrechnung vorzunehmen, und wird demnach die Verbindung der Landwirthschaft mit anderen Gewerben kein Grund gegen Einführung der Tantième sein können. Wenn, wie häufig geschieht, ein Gut im Verhältniß zu den augenblicklichen Erträgen zu theuer bezahlt ist, so wird man veranlaßt sein, bei der vom Reinertrage tantièmefrei abzurechnenden Verzinsung der Kaufsumme einen sehr niedrigen Prozentsatz in Anrechnung zu bringen.

Eine allgemeinere Einführung der Gewinnbetheiligung wird auch bei der Landwirthschaft, meiner Ueberzeugung nach, nicht ausbleiben. Vorläufig freilich wird sie nur sehr vereinzelt und allmälig stattfinden. **Bessere Bildung des Arbeiters**, und richtiges Verständniß seines wahren Interesses von Seiten des Arbeitgebers werden wesentlich die Einführung erleichtern und fördern. — Wenn, wie wahrscheinlich, auch der deutschen Landwirthschaft allgemeinere Arbeitseinstellungen der ländlichen Arbeiter nicht erspart bleiben, so dürfte sich zeigen, daß Arbeiter mit angemessener Gewinnbetheiligung doch nicht leicht zu diesem Mittel ihre Zuflucht nehmen werden. Und es ist sehr wohl denkbar, daß, wenn bei einer allgemeinen Arbeitseinstellung die Arbeiter auf einem Gute, wo Gewinnbetheiligung stattfindet, sich hiervon ausschließen und die Einstellung, wie wahrscheinlich, in der allernöthigsten Arbeitszeit, etwa in der Rübsen-, Weizen- oder Erbsen-Ernte stattfindet, der Arbeitgeber in wenigen Tagen für seine, eine Reihe von Jahren stattgehabten Aufwendungen für die Gewinnbetheiligung volle materielle Entschädigung erhält.

Um zur Verallgemeinerung der Gewinnbetheiligung der Arbeiter die Mithülfe der Gesetzgebung und des Staates in Anspruch zu nehmen, ist es jetzt, wo auf diesem Gebiete bisher nur sehr vereinzelte Versuche stattgefunden, jedenfalls noch nicht Zeit.

Ueber die Frage der Gewinnbetheiligung der Arbeiter.

Gutachten,

erstattet in einem Briefe vom 25. Juni h. a. an den Vorstand des Vereins gerichtet, von

J. Wertheim in Bornheim bei Frankfurt a. M.

"Bei meiner Einrichtung der Betheiligung der Arbeiter am Reingewinn, welcher nach Maaßgabe des empfangenen Lohnes auf den Einzelnen vertheilt wird, haben sich, abgesehen von der größeren Handlichkeit der Leute, leider keine günstigen Resultate gezeigt. Ein Verständniß für meine Bestrebungen und das Bewußtsein, Betheiligte des Geschäfts zu sein, gab sich nirgends kund. Ueberall das alte Mißtrauen und der feste Glaube an die ungerechte Ausbeutung des Arbeiters durch das Kapital. Ich stimme jetzt dem Herrn Geheimrath Dr. Engel vollkommen bei, daß es falsch ist, die Arbeiter am Reingewinn zu betheiligen. Was man ihnen als freiwillige Zugabe bietet (denn bei mir sind die Accorde nicht herabgesetzt worden und der Durchschnittslohn war von Fl. 12. 18 auf Fl. 13. 39 Xr. p. W. im Jahre 1873 gestiegen), das sehen sie nur als einen Theil dessen an, was ihnen unrechtmäßigerweise noch vorenthalten wird; denn der ganze Ertrag der Arbeit müßte ihnen ja von Rechtswegen werden. Unsere Arbeiter sind vollständig communistisch bearbeitet, da erscheinen Mittel, wie die von mir angewendeten, in allzugroßer homöopathischer Verdünnung, als daß sie geeignet sein könnten, die Feindschaft der Arbeiter gegen das Eigenthum zu beseitigen.

Ich habe zwar unsere Einrichtung für dieses Jahr noch einmal bestehen lassen, aber ich erwarte nichts mehr davon und werde sie mit nächstem Jahr beseitigen, soweit es die Betheiligung am Reingewinn betrifft; dagegen den Unterstützungsfonds stärker dotiren und eine Präsenzzeitprämie vertheilen.

Auch die Betheiligung der Arbeiter am Kapital war nur schwach und hat sich nach dem ersten Anlauf im Jahre 1873 vermindert. Selbst von der zur Vertheilung gekommenen Summe von Fl. 2637 wurde nichts angelegt, obgleich die Einleger eine Dividende von 7 1/2 % p. a. genossen und nicht gefährdet sind, da die Einleger Gläubiger des Geschäftes sind.

Da die Gewinnbetheiligung, wie ich glaube, falsch im Prinzip und nach meiner Erfahrung sich auch in der Praxis nicht bewährt, so kann sich die Gesetzgebung nicht damit befassen. Auch meine ich nicht, daß die Errichtung von Unterstützungkassen oder Versicherungen seitens des Arbeitgebers durch das Gesetz vorgeschrieben werden dürften, so sehr die Humanität es erfordert, daß der Arbeiter bei Invalidität oder Alter bis zu einem gewissen Grade unterstützt werde.

Viele Geschäfte werden gar nicht im Stande sein, derartige Pflichten zu tragen und wenn es auch Alle könnten, so würden derartige Sicherstellungen des Arbeiters durch den Wechsel der menschlichen Verhältnisse doch illusorisch.

Auch bin ich überzeugt, daß die Arbeiter von ihren nun einmal aufgestellten weitgehenden Forderungen durch derartige Mittel nicht abgewendet werden. Die Lawine ist im Rollen und wird schwerlich in halber Höhe einhalten."

Printed by Libri Plureos GmbH
in Hamburg, Germany